浙江中医临床名家 杨继荪

总主编　方剑乔

杨珺　主编

科学出版社

北京

内 容 简 介

本书是"浙江中医临床名家"丛书之一，介绍了浙江名医杨继荪。杨继荪教授是现代著名中医临床学家，是全国首批五百名国家级名老中医药专家之一。本书共分六章：中医萌芽、名师指引、声名鹊起、高超医术、学术成就、桃李天下，重点介绍了杨继荪教授治疗各种内科系统疾病的学术成就、学术思想及临床经验。全书以肺、心、肝、脾胃、气血津液等各系病证为经，夹叙医论、医话和经验方于其中，且参以诸案，密切联系临床实践，内容较为丰富。阅读本书，除能了解杨老的学术思想和其注重实践、讲求实用的诊治风格及生平事迹外，更能学习他在临床诊疗中大量独到的经验体会和在辨证施治、立法选药方面的具体治法，从而对提高中医理论和诊疗水平将会有较大的帮助。

本书可供中医临床、科研人员及在校学生阅读使用，也可供中医爱好者参考。

图书在版编目（CIP）数据

浙江中医临床名家.杨继荪 / 方剑乔总主编；杨珺主编.—北京：科学出版社，2019.6

ISBN 978-7-03-061734-7

Ⅰ.①浙… Ⅱ.①方… ②杨… Ⅲ.①杨继荪-生平事迹 ②中医临床-经验-中国-现代 Ⅳ.①K826.2 ②R249.7

中国版本图书馆CIP数据核字（2019）第124364号

责任编辑：刘 亚 凌 玮 /责任校对：王晓茜
责任印制：徐晓晨 /封面设计：黄华斌

科学出版社 出版
北京东黄城根北街 16 号
邮政编码：100717
http://www.sciencep.com

北京捷迅佳彩印刷有限公司 印刷
科学出版社发行 各地新华书店经销

*

2019 年 6 月第 一 版 开本：720×1000 B5
2019 年 6 月第一次印刷 印张：10 1/4 插页：2
字数：165 000

定价：58.00 元
（如有印装质量问题，我社负责调换）

审阅学生论文

兴起挥毫

与浙江省原省长李丰平夫妇合影

为日本友人题词并合影留念

与学生潘智敏（左一）等人的合影

指导潘智敏

1994年为潘智敏题词致勉　　　　　潘智敏随杨继荪出诊时夏衍题词以勉励后学

浙江中医临床名家

丛书编委会

浙江中医临床名家·杨继荪

编 委 会

主　编　杨　珺

副主编　潘智敏　　宋文蔚

编　委　（按姓氏笔画排序）

代建峰　　苏建明　　杨　珺　　汪　潇

宋文蔚　　袁国荣　　郭丽芬　　唐黎群

潘智敏　　戴　金

总　序

中华医药，博大精深，源远流长。灵兰秘典，阴阳应象，穷万物造化之妙；《金匮》真言，药石施用，极疴疾辨治之方。诚夷夏百姓之瑰宝，中华文明之荣光。

浙派中医，守正出新，名家纷扬。丹溪景岳，《格致》《类经》，释阴阳虚实之论；桐山葛岭，《采药》《肘后》，载吴越岐黄之史。固钟灵毓秀之胜地，至道徽音之华章。

浙中医大，创业惟艰，持志以兀。忆保俶山下，庠序进修，克艰启幔；贴沙河干，省立学府，历难扬帆；钱塘江畔，名更大学，梦圆字响。望滨文南北，富春秋冬，三区鼎足，一校华光；惟天惟时，其命维新，一德以持，六艺互襄；部省共建，重校启航，黾勉奋发，踔武增华。

甲子校庆，名医辈出，几代芳华。值此浙江中医药大学建校六十周年之际，特辑撰"浙江中医临床名家"丛书，以五十二位浙江中医药大学及直属附属医院名医为体，以中医萌芽、名师指引、声名鹊起、高超医术、学术成就、桃李天下为纲，叙名家成长成才之历程，探名家学术经验之幽微，期有益于同仁之鉴法、德艺之精进。

范永升

时己亥初夏

目　　录

第一章

中 医 萌 芽

第一节　江南灵杰地，师门君子居

　　杨继荪先生1916年2月10日出生于杭州一个中医世家。祖父杨耳山，清孝廉公，名儒兼名医，悬壶沪杭，誉满杏林。他自幼熏陶渐染，矢志习医，继承祖业。在祖父"亦医亦儒"思想的影响下，他从小就诵读四书五经和《古文观止》《东莱博议》等。1932年高中毕业即随祖父学医，悉心研读四大经典及金元明清诸家论著。三年后因祖父病故乃又跟随名医徐康寿学习两年，医术日长。学成后在杭州开业，由于历起沉疴，深得民心，医名鹊起。

　　1952～1956年，时值壮年的杨继荪受命担任杭州城北联合诊所所长、杭州广兴联合中医院（今杭州市中医院）院长，邀请当时杭城名医叶熙春、史沛棠、余步青、潘石厚等一起坐诊，不计报酬厚薄，锐意振兴中医事业。

　　1956～1958年，担任浙江中医研究所临床组长，发挥中医优势，开展中西医结合治疗流行性乙型脑炎、晚期血吸虫病的临床研究。1965年，担任浙江省卫生厅名中医验案整理小组组长，联合吴颂康、罗鸣歧、林钦廉、裘笑梅等主编《叶熙春医案》。时值酷暑，众人利用暑假时间，由杨老执笔，每天整理至半夜，从古籍中多方寻求论证，书虽然不厚，却凝聚了杨老他们的一片心血。本书于同年9月出版后，广受好评，再版多次。

　　1990年杨继荪教授被评为首批全国500名老中医药专家之一，同年他指导的用"冬病夏治"的方法治疗慢性肺源性心脏病缓解期的临床研究通过省级鉴定，1992年获浙江省中医药科技进步二等奖。他的部分医案被编入北京中医学院（现北京中医药大学）董建华教授主编的《中国现代名中医医案精华》。

1978年担任浙江省中医院院长，大刀阔斧地扭转了中医院原本重西轻中的局面，开设了中医病房，和葛琳仪老师等中青年中医师一起，收治各类疑难危重急症病人，积极参与病房会诊，提倡"能中不西""先中后西"，先后用中医药手段治疗、挽救无数病人，使得省中医院的中医病房名声大振。有一年夏天，海宁市人大常委会某主任因"高热待查"在当地医治无效，用西药后又产生过敏反应，十分危急，由海宁中医院院长介绍至杨老处。杨老诊查后，建议停用所用西药，用中药一试。处以大剂清热解毒中药，另从胡庆余堂配安宫牛黄丸并物理降温，两天服完三剂，三四天后热退，后调理出院。在中医急诊方面，用药急、准、狠，有主次之分，而不是广络原野。对急性胆囊炎、急性黄疸等的治疗得心应手。如治疗急性尿路感染，杨老采用大量中药和嘱咐大量饮水；对于农村的患者，杨老则教他们采用鲜芦根、鲜金钱草煎水服用，效果亦佳。

杨老十分强调"医教合一"，在兼任浙江中医学院副院长时，充分发挥了省中医院作为附属医院和临床带教基地的作用，即学校的老师应当去附院参加临床，临床的医生也应当来学校上课。只有理论联系实际，再用实际充实理论，这样反复地摸索，才能提高自己的水平。杨老自己不但从没有放弃临床，平时也勤求古训，他经常翻阅的书目有《曹氏伤寒金匮发微合刊》《张山雷医集》《医方类聚》等。

1983年在杨老67岁的时候，在"为全省43名名中医配备助手"的仪式上，有关部门为他配备物色了一位学术继承人——中医学院毕业、已有5年临床经验的潘智敏，前后跟师学习实践18年。18年中，潘智敏勤学习，细体会，仅临床笔记就记了50多万字。出师考试时，师徒俩同看一个病人，各自开出的药方分毫不差。1999年7月，潘智敏根据多年的收集积累，经杨老亲自审定，整理出版了27万字的《杨继荪临证精华》，几个月后，杨老就与世长辞了。

杨老生前身为院长、干部保健医生，和省市各级各部门领导相当熟悉，但他从来不会为自己家人向组织提要求，很长一段时间他都住在那所六十几平方米的旧屋里，医院按政策要分配给他新房，他坚持让给比他更需要的员工——在那时，杨老想的仍然是医院的建设和发展，不是个人的私事。现在省中医院又建造了更新、更宽敞的住院部大楼，杨老若九泉有知，亦当含笑矣。

第二节 随风潜入夜，润物细无声

20世纪的六七十年代，是新中国的多事之秋。十年"文革"浩劫，对于国家是一场劫难，更是对人性的考验。当时许多为新中国的发展建设做出过贡献的老干部都被无情地批斗，即使患了病也不准治疗，杨老十分同情他们的处境，冒着被批斗的风险，悄悄地给他们开方治病，嘘寒问暖。这些人中有许多同志在"文革"结束平反之后，又得到了启用，他们对杨老始终心怀感激，视为生死之交。但是在那个黑暗的年代，谁也不会想到自己今后的命运如何，杨老为他们治病也纯属出于大医的悲悯情怀。

杨老平时门诊经常加号拖班，说病人远道而来，医生应该照顾他们。对于那些外地或农村素不相识的患者，杨老考虑到如果他们留在杭州，可能承受不起生活开支，因此复诊都是寄处方过去，还附带亲笔信，这些经杨老诊治过的患者至今都无法忘记和蔼可亲、平易近人的杨老。然而有时候杨老又是那样的耿直。一次他为省军区某领导看病，一位军医对杨老说："这位是某领导，药请用得好一点吧。"杨老当时就教导那位医生说："你我都是医生，医生是以病人为对象，应以病用药，不能以职务高低选药。只要对症，哪怕三五毛钱的药也能取效！"杨老在省保健委员会担任委员时，常应邀给外国友人看病。他写完处方，还详细写明中药的煎服方法，以及中成药的组成、主治、功效、生产厂家等，如此认真、客观、负责的态度，让所有人都心服口服。有一次前任和当任卫生厅长都在省中医院住院，杨老查房时，特意先去看望已经退休的老厅长，再去看望现任厅长，就像杨老常挂在嘴边的一句话，做医生就一定要有医德，有人性，对人要"官民一致，朝野一致，认识与不认识一致"。

1987年全国甲型肝炎大流行，杨老甚至不避传染的危险，在自家接待上门求诊的甲肝病人。这让他的学生们一方面被杨老这种视病人为至亲的高尚医风所感动，另一方面又非常担心老师会被传染。对此，杨老只是一笑，并不以为意。孙思邈在《大医精诚》中描述的"不得瞻前顾后，自虑吉凶，护惜身命，见彼苦恼，若己有之，深心凄怆，勿避险巇，昼夜寒暑，饥渴疲劳，一心赴救，无作功夫形迹之心"苍生大医的形象，杨老就是最好的阐释。

杨老善于发现学生的特点，重视对医院年轻医生的中医能力培养，严格教育栽培。他经常对学生们叮嘱，医古文基础一定要扎实，字迹要清楚美观，病历书写要认真等。他的学生们都记得，有的学生曾因为字写得不端正被杨老批评纠正。他反复强调医生的处方目的是救人，故字迹必须清晰可辨。杨老从当时中医内科科室选出5名年轻骨干医师，潘智敏、许小平、洪晓鸣、蔡宛如、宋康，每周在家授课一次，授课内容涉及范围很广，每次备课都至深夜，相当认真，还很注意不与以前授课内容重复，及时补充新的资料，授课内容包括中医基础理论和经典著作、临床常见病多发病的辨治要点、疑难病危重病例的临证经验等。如此丰富的内容，使得他的课非常受学生欢迎。杨老上课更是全神贯注。有一次一位中央领导的亲戚来看病，杨老就让她在隔壁等待，直到讲完课后再为她诊治。作为医生、教师和学者，杨老在实践与理论中形成风格独特的杨氏内科也深深影响了他的学生们，让他们在摸爬滚打中逐渐成长、成熟起来，这些学生日后在各自的岗位上都表现得非常出色，现在都是主任医师和教授。

杨氏内科的特点之一就是博采众长，包括现代医学的新知识，都不排斥。有一次，杨老和当时浙二医院神经内科主任聊天，问："为什么你们普遍对中医都有偏见？"主任回答："因为中医里面卖江湖、吹牛说自己包治疑难杂病的人太多，这不科学，也不是事实。"杨老又开玩笑似地问："那你的家人得了顽固性失眠，为什么还是让我来治疗呢？"他说："西医的诊断手段很多，但是中医的治疗措施非常丰富，很多方面确实是西医所不及，副作用又小，且植物药对肝脏多无损害。"这席对话让杨老感触很深，他由此想到，中西医应该互相尊重，中医应当积极吸收现代科学知识，提高疗效，实事求是，这样才能更好地造福大众。日后他派送了省中医院很多年轻医生去其他综合性医院研修，这些医生回来以后，现在都成了省中医院各科的骨干力量。

杨老的身体在"文革"中受到了摧残。他的慢性支气管炎未及时治疗，后来发展成肺气肿、肺源性心脏病（以下简称肺心病），以致最后无情地夺去了杨老的生命。"文革"期间被迫使用庆大霉素损伤了他的前庭神经，使得他走路不太方便。潘智敏老师回忆说，当年出完门诊她送杨老回家的时候，最后几步路他不让送，她就看着他蹒跚地走向家中。杨老高大的形象一直都在她的脑海中，杨老去世的那天晚上，仿佛天地也为之动容，忽然间下起了滂沱大雨。

在2006年"纪念杨继荪诞辰90周年暨杨氏内科济世70周年"大会上，

曾经和杨老并肩作战，奋斗在中医病房和急救第一线的葛琳仪老师如此评价杨老：

"杨老一生奉献于中医药事业，历经了浙江省中医药事业从新中国成立前期到20世纪90年代末的发展历程，并亲为表率，在整理、完善浙江省民间中医药经验、整理名老中医学术思想和经验、开展中西医结合临床及科研教学中做出了卓越的贡献。杨老一生严谨求实的治学风格，对病人胜似亲人的高尚医德是中医界的楷模，一直为后学所传颂。"

"他不仅在担任省中医院内科主任、院长期间经常亲自给年轻中医师传道授业，还在国家二部一局的号召下，于20世纪80年代起，亲自带徒授业。1997年，在国家二部一局开展第二批师带徒计划时，他不顾年高体弱，建议我和他合带学生，杨老主讲中医理论，我主带临床，并亲自撰写讲稿，定时授课解惑，使我们深受感动。遗憾的是，带徒期间，他终因病重离开了我们。2000年我和杨老合带的学生经省中管局专家组考核，以优异成绩出师，以告慰杨老。"

杨老和葛老合带的学生魏佳平则说："是杨老让我懂得该怎样为患者着想，该如何为医疗事业奉献，更从杨老的身体力行中明白了'做事先做人'的道理。正因为杨老有着高尚的医德，才能在医术上不断进取，虽已是国家级名中医，享誉全国，仍孜孜不倦，不断探索，不愧是我们为医者的楷模。"

第三节 思韫入微精，善心发蔼容

一、寻因探源，治病求本

杨老认为，中医所论之"治病求本"即是寻求引起疾病的原因，针对病因病机从根本上治疗疾病，包括正邪相争、脏腑盛衰、阴阳平衡等多方面，治病不只是对症治疗，而是在临床一系列复杂多样的征象中，认识疾病发展过程中的内在联系，纠正阴阳的失调，以达阴平阳秘的目的。诚如徐灵胎在《医学源流论·病同因别论》所说的："若不问其本病之所因，及兼病之何因，而徒曰某病以某方治之，其偶中者，则投之或愈；再以治他人，则不但不愈而反增病……终身治病，而终身不悟，历症愈多而愈惑矣。"

1956年杨老担任浙江中医研究所临床组组长，与潘澄濂、朱承汉以总结浙江省海盐地区1956～1958年中医药治疗乙型脑炎的临床经验为课题，撰写了《治疗流行性乙型脑炎730例总结报告》，阐明了治疗规律和卫气营血辨证在临床的重要意义，更指出了与石家庄等地的脑炎不同的是江南地处水乡，地势低洼，梅雨季节阴雨连绵，入伏后又暑气逼人。因而本地区发生的乙脑，除有壮热烦渴、汗多溺短的阳明热象外，往往多兼有胸闷脘痞、身重呕恶、苔腻等湿困太阴之征，当属暑温与伏暑范畴，其发病季节亦和吴鞠通《温病条辨》"夏至以后，立秋以前"的说法相同，从而在卫气营血分型的基础上，着重强调"湿邪蕴滞""湿从热化"的特点，采用三仁汤、连朴饮、蒿芩清胆汤等方。这样既阐明了该病的一般演变规律，又从内外因上指出南方多湿，湿邪易于蕴滞，突出了审因论治，提高了诊治效果。

杨老治痰有一个著名的观点：痰因热成。他认为黄痰固然有热，白痰未必有寒。《说文解字》训"痰"字为"胸中之液"，后来"痰"的意思逐渐变成"因肺气热，煎熬肺中津液，凝结而成的病理性产物"，《儒医精要》也说"痰因热成""痰能生火，火能生痰"。再加上50多年的临证经验，杨老组成了以清热解毒为主的治疗咳嗽的经验方，其中鱼腥草、黄芩、野荞麦根用量均多达30克，号称"治咳三斧头"，《本草纲目》中亦有李时珍以单味"黄芩治肺热"的亲身体会，用于泻肺经气分之火，确有良效；再合以桔梗、前胡，一升一降，宣降肺气；浙贝、杏仁清肺化痰止咳，半夏、枇杷叶和胃降逆，下气化痰。对于那些用桑菊饮、麻杏石甘汤治疗乏效的支气管炎咳嗽、气喘痰多的病例，杨老常说："清泄肺热、宣通肺气的法则是对的，关键是方中清热解毒的药不够，要记住热清咳止的道理"，如遇外感咽痛发热者，加薄荷、牛蒡子；舌红少津者，加芦根、石斛；苔腻者，加藿香、佩兰；胸脘胀闷者，加瓜蒌、郁金、枳壳、厚朴；久嗽气逆、痰色白者，加苏子、紫菀、款冬、紫石英凉温并用。

杨老的学生魏佳平回忆说："杨老的'痰浊致病'观点至今仍深深影响着我，并一直指导着我的临床实践。杨老曾诊治过一名男性痛风病人，血尿酸高达11mg/dl，曾用吲哚美辛、秋水仙碱等，因副作用大而停药，症状反复。杨老察其右足拇趾趾跖关节红肿疼痛明显，按'热痹'治疗，予三妙丸加味，但效果不显。后杨老从张丰青医案'体肥又嗜膏粱厚味，痰浊与湿热蕴结下注，右下肢红肿热痛，艰以步履，更衣五日未下，脘腹胀满，苔黄根厚腻，脉象滑数，治拟清化痰浊，佐以泻火通腑'中得到启示，处方予以生苍术、黄柏、川牛膝、生大黄、炒莱菔子、槟榔、枳壳、泽泻、丹皮、银花、山楂肉、冬葵子、猪苓等连服10剂，症状基本消失，尿酸降至6mg/dl。

杨老进一步分析指出：随着人们生活水平的不断提高，膏粱厚味可致脾胃损伤，使谷反为滞，水反为湿，聚为痰浊，蕴于体内。痰浊既是病理产物，亦是致病因素，既可导致痛风痹症，亦可变生他病，如冠心病、糖尿病、中风、痴呆等。因而杨老在治疗发病率日渐增高的老年性痴呆患者时，常加入化痰开窍的石菖蒲、郁金、远志等。而我在治疗形体肥胖、神疲乏力、脘腹胀满、不思饮食、苔腻的糖尿病患者时，常想起杨老的教诲，用藿朴夏苓汤等化痰泄浊，常能取得比较满意的效果。"

二、宏微辨证，证病合参

中医的长处是系统整体观，临床一定要首先树立"整体观念"，因为目前临床上所施行的各种检查多数是局部性的，但是治疗的手段应该是多方位的。正如其他自然科学对物体的认识一样，经历了发展过程，最终要有一个系统观。北方多伤寒，南方多温病；"见肝之病，知肝传脾，当先实脾"，说的都是这样的系统观。

中医学注重"人与天地相参，与日月相应"，这也是"整体观念"的一部分。杨老十分强调时令节气对人体的影响，提出按照不同季节进行防治疾病、调摄养生的方法。如春日万物生发，也是各种传染性疾病的多发季节，常发生中医学中属于温病的风温、春温，以发病急、传变快、来势猛烈为特点，有些还容易留下瘫痪、精神障碍等后遗症。为避免温病的发生和发展，杨老提出应及早预防，"虚邪贼风，避之有时"，"节起居，慎饮食"。江南地带的夏暑季节，叶天士曾指出"吾吴湿邪害人最广"，故夏日宜衣着凉爽舒适，多食用扁豆、米仁、莲子之类醒脾化湿的食物进行自我调节，用药也要注意适当加用藿香、佩兰、蔻仁等芳香悦脾之品，流畅气机。秋天干燥，必以柔润濡养为主，最忌苦燥，平时也可选用梨、荸荠、百合等药食同源之品滋养脏腑。三九严冬，是蛰藏阳气的最佳时机，最适宜服用膏滋调补，以待来年春天阳气能更好地生发，"冬令进补"也是杨老用于增强体力、减少发病机会、延缓衰老的特色疗法之一。杨老认为，膏滋药针对的主要是体质衰弱和中老年人群，既是内伤杂病，就当以调整失衡的阴阳为主要目的，将辨证论治、虚瘀并理融于缓缓微调之中，达到吴鞠通所言"治内伤如相，坐镇从容，神机默运，无功可言，无德可见，而人登寿域"的目的。

　　曾经有一个顽固性偏头痛的患者，几次用药均不能根除症状，杨老介绍患者到上海、北京的大医院做CT和磁共振检查，终于发现原来是患者舌头底下长了一个赘生物，手术摘除后头痛也随之豁然消失。于是杨老感叹说："科学是来不得半点虚假或疏忽的，每位医务人员都应该以实事求是和严格的科学态度正视疾病，许多疑难病证是能得到解决的，中西医间的沟壑是可以填平的。"杨老赞同中西医结合，但中医不能丢了病房。他经常用中医药参与病房抢救及会诊肠梗阻、发热、出血、心力衰竭的病人。有一次一个日本病人大出血，杨老根据"气随血脱"的观点，认为"有形之血不能速生，无形之气所当急固"，急用野山参煎服抢救。后来那个病人还为医院送了一口钟表示谢意（日本有"闻钟声，烦恼轻；智慧长，菩提增"的说法）。

　　还有一例剥脱性皮炎患者，病情缠绵百日，高热持续匝月，经住院治疗仍然未能控制病情，全身风团、红斑、水疱仍不断发生，躯干、臀部、四肢等处皮肤仍见大片鲜红色糜烂剥离面，血水淋漓，瘙痒难忍，大便秘结，舌红苔剥，已停止一切西医治疗。杨老辨为热毒炽盛、阴液耗伤，处以五味消毒饮合增液汤加减，5天后如此凶险的病证转危为安，渺茫之地，复萌生机。再续用补气养阴之品善后，调治60余日而安。

　　另有一例62岁的患者，因患巨大胃黏膜肥厚症（Menetrie病）引起胃肠蛋白丢失综合征，起病5年，经每周输注白蛋白等西医治疗，以及益气养血、滋阴利水等中医治疗后，病情依然，面色苍白浮肿，两下肢浮肿，口干欲饮，大便烂，血清白蛋白为27g/L。请杨老会诊，杨老辨证认为属脾气虚弱，中阳不振，气虚不能摄纳，阳虚不能化气，气不化水，水邪泛滥，水湿停滞，郁久有化热之倾向，受现代医学抑制腺体分泌理论的启发，在治疗上除用益气健脾的常法如黄芪、山药、厚朴、生白术、茯苓、米仁外，还应当兼顾敛固塞流，加上煨诃子、赤石脂、煨肉果、煨益智仁等收敛之品，"俾不欲精微物质随之而下矣"。用此法加减进退60余剂，期间停用白蛋白、支链氨基酸等西药，竟使5年之顽疾告愈，出院时血清白蛋白升至40g/L。这既是一个精彩的案例，也是一个医学上的奇迹，这同杨老善于衷中参西，守常达变是分不开的。

三、理瘀活血，继承阐扬

　　杨老对于老年病的治疗颇有心得。国际上对衰老不断提出多元学说，如遗传学说、自由基学说、免疫学说、程序衰老学说、有害物质蓄积学说、染色体异常学说等，杨老认为这些学说阐述的论点，许多方面与祖国医学对衰老的认识有吻合之处。老年人由于气血不充，不能"温分肉，充皮肤，肥腠理"，出现毛发稀淡、消瘦、皮肤弹性降低；精血不足，不能濡润四肢百骸清窍，出现骨质疏松、骨关节退行性变、记忆力下降、耳鸣牙松；其血液循环又与各个脏腑功能密切相关，脾虚则不能统摄血液，肝虚则不能生血，肝失疏泄则可致气血不调，特别是心肺气虚，无力推动血液循环，更能直接导致血行瘀滞，故认为老年人体虚多瘀，因虚致瘀，疾病常呈虚实夹杂的现象。因此杨老主张重用活血化瘀疗法，改善老年人血液高凝趋势，在他留下的几千张膏方处方中，几乎方方都有活血祛瘀药。对于未在病人身上找到传统医学支持的瘀血征象，如唇舌紫黯、舌有瘀斑、两目黯黑、言语塞涩，主张借助现代医学手段来发现"隐性"的瘀血存在，如杨老治疗肺心病，根据肺心病患者血液流变学、甲皱微循环等实验室测定结果，结合唇甲面色青紫、舌下瘀筋明显等均表明血液黏滞度增高的征象，在治疗肺心病急性发作期或缓解期均辅以活血化瘀药以改善心肺循环，认为急性期多是本虚标实，其特点为"热、痰、瘀、虚"，因此清热化痰、控制肺部感染、保持呼吸道畅通是治疗的关键，分别给予清热化痰、活血行瘀、益气养阴之法；慢性期特点为"痰、瘀、虚"，主要用黑锡丹加上活血行瘀、宣肺化痰的药，兼以补肺益卫。杨老在治学方面推崇求真务实和开拓创新，主张"循序渐进，博览深求，持之以恒，学以致用"的严谨有序的学习方法，强调既要精研经典，继承前贤，又要融会新知，这样才能"继承不泥古，创新不离宗"，最大限度地发挥中西医学各自的优势。

陆游有诗云："纸上得来终觉浅，绝知此事要躬行"。学习古籍的目的，就是要通过读书获得古人的间接经验，再通过实践化为自己的直接经验，这就是古人提倡的"知行合一"。例如，杨老讲解三仁汤时，认为它"疏利气机，宣畅三焦，上下分消，湿化热清……可能认为病邪在卫、气之间，未见形寒等表部症候而辨证立方"，故如果用来治疗湿遏卫气、内外合邪，就显得治里有余，而辛表不足，仍宜加入苦辛清热之品如连翘、薄荷、竹叶以辛凉透表，临床用之，颇多效验。

在临床实践中，杨老又赋予许多中药以新的运用，如桑叶止盗汗、大剂量白芍用于加快心率，槟榔和雷丸用于因对蛔虫卵过敏引起的哮喘，厚朴和浙贝同用用于胃溃疡胃痛有红霉素样作用等，临床上在辨证的基础上选用相应的药物，有时能获得意想不到的效果。所以杨老要求学生尽可能多阅读近代著作、文献、杂志，更新知识，广开思源。

杨老的创新还体现在主张中药剂型改革，使中药能够多途径给药，让中药能从各个角度、多方位供临床医生选用，发挥所有的作用。如省中医院病房常用的五味安神糖浆、清肺化痰汤、复方板蓝根冲剂，还有杭州天目山制药厂生产的复方鲜竹沥、庆余救心丸、杞菊地黄口服液、养阴降糖片等，都得到过杨老的指点。其中养阴降糖片是杨老根据传统理论缜密组方，制成的治疗糖尿病的有效中成药，主要原料为黄芪、党参、枸杞、川芎、葛根、玄参、地黄，具有养阴益气、清热活血的作用，能显著改善糖尿病患者的临床症状，降低空腹血糖。临床使用养阴降糖片治疗105例糖尿病患者，总有效率为74.29%，使用中未见任何不良反应。

第四节　吾祖诗冠古，诗是吾家事

由于祖父是举人，所以杨老特别敬重文人，尤其喜好古文，他常引用著名国学大师、中医学家章太炎的话："不学国学无益于医学。"他要求学生注重文学修养，博览群书，并常列举皇甫谧、孙思邈、张景岳、柯韵伯等通晓百家、工诗善文的事例，主张专攻一门学问的同时，对于其他学问也要有较广泛的涉猎。但他同时又告诫学生，一个人的精力毕竟有限，读书固然要博览，但要善择，所谓"思贵专一，不容浅尝者问津；学贵沉潜，不容浮躁者涉猎"，要处理好"博"与"精"的关系，而不至于落得"杂"与"陋"的后果。杨老不仅专长医术，对先秦诸子、金石书画亦颇有造诣，诊余常挥毫泼墨，陶冶情操，以诗文会友，传为佳话。

杨老曾为许多著名科技文化人士如夏衍、巴金、傅抱石、沙孟海等治过病，诊后互赠字画，颇有古人之遗风。在杨老家的客厅里挂满了名家书画，有郭沫若夫妇的诗词、夏衍的题词"霜松并茂"、何香凝的梅花、傅抱石的山水、姜亮夫与陶秋英合作的双松图等，恍然间如同走进了古人的斗室。著名书法家姜东舒题词"同是济世救人，良医堪媲良相"，正是杨老一生高风亮节的最好写照。

第二章

名 师 指 引

第一节 师宗经典，循序渐进

　　杨老分析了历代中医学发展沿革，认为后世著名医家在理论和实践方面都是在前人的基础上得到发展和创新的，存在着明显的继承性。要继承，必须学习古典医著，钻研各家学说，吸取前人的医学知识，使之古为今用。在学习方法上，杨老引用宋代文人朱熹的话，说："书之法，在循序而渐进、熟读而精思""未得乎前，则不敢求其后；未通乎此，则不敢志乎彼。"故学习经典医著，最好能很据其成书时代的先后逐步深入。如《黄帝内经》一书，成书于战国时代至秦汉普唐时期，是我国医学文献中最早的一部典籍，世称医家之宗，为中医学之源泉，是初入医门者第一部该阅读的经典。当有了一定的基本理论知识，才能理解《伤寒论》《金匮要略》等临床医学专著，了解汉代张仲景是如何继承《黄帝内经》的基本理论。同样的，对温病学著作，虽然在因证脉治方面已形成了一套自身的完整体系，然其学说源于《黄帝内经》，孕育于《伤寒论》，发展于金元，成熟于明清。温病学与《伤寒论》，在学术上实是一脉相承，不可分割。吴鞠通在《温病条辨·凡例》中则说："《伤寒论》六经由表入里，由浅入深，须横看；本论论三焦由上及下，亦由浅入深，须竖看，与《伤寒论》对待文字，有一纵一横之妙。学者诚能合两书而细心体察，自无难识之证。"由此可见，要阅读温病学著作，还得先熟谙《伤寒论》。至于明清医著，像清代叶天士首先创立了"卫气营血"的温病辨证施治体系，吴鞠通继叶氏之后补充的"三焦"辨证，王孟英"以轩岐仲景之文为经，叶薛诸家之辨为纬"总结的温病学理论和经验等，最好亦能顺其先后循序攻读。

第二节　由博返约，提要钩玄

　　杨氏经常引用章太炎先生的一句话："不通国学，无益于医学"。《医学入门》亦谓："盖医出于儒"。要求学生注重文学修养，博览群书，并列举了如皇甫谧、孙思邈、张介宾、王履、柯韵伯等历代医家通晓百家学说，工诗善文，博学多才的事例。主张在专攻一门学问的同时，对于其他学问也要有较广泛的涉猎。杨氏不仅专长医术，对四书五经及诸子文学皆有浏览，对金石书画亦颇有研究，诊余之暇，常勤于书画，挥毫维妙挺秀。但他又告诫学生，一个人的精力毕竟有限，读书固然要"博览"，同时还要能"善择"，如哪些书要"终身诵读"；哪些书要"一一寻究，得其要领"；哪些书只要"观其大意"就行。一个医生应该经过奠基—博览—专精这样一个学习过程。在博的基础上求精，山博返约。如摆不好"博"与"精"的关系，可能会落个"杂"或"陋"的结果。在古文学习方面，杨氏推荐学生阅读《古文观止》及一些修辞学，在医学经典学习方而，首推《黄帝内经》，但《黄帝内经》传世久远，其内容真伪不一，文字正讹难辨。历代名贤，递相研索，疏注颇多。初学医者宜选王冰注释今本，择其主要篇文熟读牢记。对《伤寒论》《金匮要略》，作为临床学家的杨氏则推崇备至，要求每位临床医生均应精心细读。对于温病学名著，如叶天士的《温热论》、薛生白的《温热篇》、吴鞠通的《温病条辨》、王孟英的《温热经纬》，因其在临床医学中均占有重要的地位，具有较高的实用价值，尤其是浙沪江皖地处江南水乡，患温热病和湿热病之概率较北方多得多，故杨氏将它们均列为必须熟读之书，而且要求反复思考推敲。其他如金元四大家的学说著作，以及近代注本、医案等亦应有所浏览。在学习方法上，对需要精读的经典著作应当提要领、钩主旨，掌握全书的主要内容和精神实质，通过作笔记加强理解，加强印象、记忆，做到勤钻结合。杨老强调说："学习上最忌一曝十寒。"只要有锲而不舍的精神，专心致志，持之以恒，就会由量的积累发展到质的变化。到用时便会有"茅塞顿开""豁然开朗"的感觉。

第三节　学以致用，躬行实践

　　明朝初年林鸿曾有诗说："古人既已死，古道存遗书，一语不能践，万卷徒空虚。"我们学习古典医籍的目的，就是要通过读书获得"间接经验"，再通过实践获得"直接经验"。读医书之所以重要，是为了指导临床实践。要用"学习—实践—再学习—再实践"的方法。杨老在给学生讲述暑温时，列举了石家庄首创治疗乙脑的经验，然石家庄地势干燥，而浙江嘉兴、海盐一带乙脑流行，由于江南地势低洼多湿，每易暑温夹湿，治疗上除清泄暑热外，还当因地制宜，不要忽视芳香化湿的一面。杨老常告诫说，临床症情复杂多变，不能按图索骥，加减变化，在所必需。他所用的方药，都是经过多年临床实践反复推敲所得，往往经方、验方、效方参照合用，或取其意而易其药。杨老临证常用桑菊饮或麻杏石甘汤治疗支气管炎痰热咳嗽、气喘痰多乏效的病例。他说："采用清泄肺热、宣通肺气的法则是对的，关键是方中清热解毒药不够，要记住热清则咳止的原理。"果然在加用了鱼腥草、黄芩、野荞麦根、七叶一枝花等清热解毒药后获效。又如在治疗因长期大量使用广谱抗生素所致菌群失调引起的泄泻患者，曾用葛根芩连等乏效，杨老根据其泄泻起始时间、病程较长、虚实夹杂的特点，运用扶正祛邪之法，以参苓白术合香连之意而治愈。再如杨氏在湿温诊治方面亦有自己独特见解。他认为三仁汤宣化淡渗，用来治疗湿遏卫气、内外合邪，显得治里有余，而辛表不足。《温病条辨》强调湿化热消、湿去热孤，但当湿中夹有时邪，仍宜加苦辛清热以轻表，临床用之颇多效验。

《学记》云："独学而无友，则孤陋而寡闻。"历代有名望的医家，学术上多参诸家而兼收并蓄。如今，面临科学技术的高度发达、边缘学科间的相互渗透，中医应积极大胆地吸收利用先进科技手段和现代医学知识，集思广益，扬长避短，充分发挥中医治疗优势。

声 名 鹊 起

第一节　相互借鉴，发挥优势

中华人民共和国成立后，杨老在中国共产党的教育培养下，1950年参加杭州市中医师学习班，组织了联合诊所——联合中医院。1953年进入国家医疗机构工作。1959年加入中国共产党。先后担任业务和行政领导等职务。虽身兼数职，工作冗繁，但仍立足临床，坚守不渝。除坚持门诊外，还承担院内外和省内外的会诊、出诊任务。退居二线后，仍未脱离临床，坚持定期到病区查房，为中青年医师分析病案；作专题讲座，传授他近60年的实践经验；并利用晚上时间处理病人的来信咨询、备课、审阅稿件；为许多中药厂生产新产品提合理化建议；为中青年医师科研投标审题，帮助他们提供理论依据和行之有效的方药。百忙之中，还不忘参加各种对社会有益的义诊活动。

治学方面，杨氏平生谨严有序，推崇求实精神，强调理论联系实际。学习方法上，主张循序渐进、博览深求、持之以恒、学以致用。他常说："书海无边勤为径，知识需要累进，决无捷径可走。"并告忌"浅尝辄止，一曝十寒。"勉励青年医生要通晓文史，学有功底，才能精研医典，发皇古义。提倡要知己知彼，善集众长（包括现代医学知识在内），独立思考，不断实践，才能融会新知，发展医理。因而，他既坚持学有渊源，继承前贤，又重视兼收并蓄，开拓创新。

学术上，杨老认为古代经典医著是中医学的理论根基，金元明清各家学说则是在经典医著上的继承和发展。他们通过反复实践、推敲，逐步完善前人之所未备，从而启迪后学，有的甚至有所突破。随着时代的推移，中医的发展亦将无终止。如辨证论治是中医之精髓，千百年来在临床诊治中显示了其无比的优越性。但从发展上看，辨证论治必须在原有的基础上提高一步，既要继承，又要发展。他认为中医治病，贵在辨证，而辨证之关键，在于掌握疾病的性质及临床演变规律，使立方下药有的放矢。他在治病过程中，时常体现出熔伤寒、温病于一炉，集各家之长而活用，师古不泥古，创新不离宗的风格。临证辨治，他十分注重审证求因，治病求本。他说："凡病之起，必有其因。"《黄帝内经》中"治病必求于本"之求本，既包括探索人体先天之本和后天之本。求其阴阳盛衰之偏颇，也包括追究导致疾病产生的根本原因，求其发病起源之由来。治病求本亦即求因明本，意在根本上治疗疾病。他在审因辨治的方面思路开阔，善于采用寻根探源、证因合参的方法审明标本，尤其对疑难杂病的证治，更显示其独到之处。此外，他又认为医学科学技术在不断发展，先进医疗仪器在不断更新，边缘学科间也在不断渗透，因而人们对疾病的认识，必然会提出更高的要求。目前，对疾病的判断，不能仅凭直觉来分析，应把中医辨证与现代科学方法两者有机地联系起来。将宏观和微观结合起来进行辨证，也就能更准确、更深入地认识疾病的性质，尽早采取积极有效的治疗措施。如他对心脑血管病变和呼吸、消化系统及老年病的诊治，重视前人"久病必瘀""久病入络"的论述，结合自己多年来的实践体会，并时常参考现代医学有关"血瘀"和"活血化瘀"方面的科学研究资料。擅长运用祛瘀疗法，以大剂量的活血行瘀药阻截瘀与病之间因病致瘀、因瘀致病，互为因果的不良循环，从而提高临床疗效。

在他担任浙江中医学院副院长与附属医院院长期间，曾明确提出了"发扬中医优势，开展中西医结合，取长补短，办成一个临床、科研、教学三结合，具有现代医学科学水平的中医院"的办院方向，为发展中医药事业做出贡献。

在中医药教学工作方面，他坚持理论与实践并重，"医教合一"，以丰富教学内容，提高教育质量。1956年，党号召西医学习中医，当时他担任浙江中医研究所临床组组长，为了发挥中医优势，他将当时死亡率较高的流行性乙型脑炎作为课题，开展了中西医结合治疗的临床研究，并与潘澄濂、朱承汉等合作，撰写了《治疗流行性乙型脑炎730例总结报告》。该文总结了浙江省1956～1958年部分中医中药治疗流行性乙型脑炎的临床经验，从中医观点进行分析，阐明治疗规律和卫气营血在临床上的重要意义，并指出在辨证上除以"卫气营血"为纲领外，还存在"湿从热化"和"热为湿"的偏热、偏湿之不同，强调江南水乡湿重的一面，将流行性乙型脑炎辨证分型成6个类型。为中医治疗流行性乙型脑炎提供了比较系统的参考资料。1958

年，他又开展对晚期血吸虫病的临床研究。由于晚期血吸虫病患者病程长、病情复杂，且多伴有各种夹杂症，常难以接受锑剂治疗。杨老将研究课题定为如何采取中西医结合的方法，辨证施治、审因求本、改善体质以配合锑剂治疗。临床实践证明，他提出的治疗方法切实可行，既在一定程度上改善了症状，增进了体力，又为锑剂疗法创造了条件。他与潘澄濂、李启廉等一起先后撰写了《治疗晚期血吸虫病的临床研究》和《中西医结合治疗晚期血吸虫病55例临床疗效总结报告》，肯定了中医辨证施治和采用中西医结合方法治疗晚期血吸虫病在临床上的重要意义及其优越性。1965年，他担任浙江省卫生厅名中医验案整理小组组长，与吴颂康、林钦廉、裘笑梅等合作，主持编写了《叶熙春医案》（由人民卫生出版社出版），该书曾受到广大中医界人士的高度评价。

在医疗实践中，他十分重视与现代医学科学相结合，倡导用先进科学技术仪器武装中医。他认为许多疾病只有明确诊断，才能采取正确无误的治疗措施。因此，他在主持附属医院工作时，积极增添现代医疗仪器设备，并开展一些中西医结合的科研项目，如脾胃病、肺心病、老年病等的研究，均得了一定的成果。他在肺心病的研究中，对该病的证治见解精辟，匠心独具。他提出"血瘀"是肺心病形成以后，不论是在急性发作期还是在缓解期的治疗均应关注的共性问题。他将活血化瘀方法贯穿于肺心病的整个治疗过程中，提高了肺心病的治疗效果。同时撰写了一些有关肺心病证治的论文、书籍，如1973年撰写了《中医对肺心病的认识与证治问题》，1975年与浙江医科大学陈过教授合写了《肺心病防治手册》。1985年，他指导肺心病临床研究组开展"冬病夏治法"治疗慢性肺心病缓解期的临床研究。该项科研于1990年通过省级鉴定。1990年撰写《肺心病诊治的几点体会》，并收入《浙江省名中医临床经验选辑》。同年，他的部分医案被编入北京中医学院董建华教授主编的《中国现代名中医医案精华》。

在中药临床研究方面，他认为中医中药唇齿相依，中药剂型改革是中医药发展的重要组成部分。他兼任杭州胡庆余堂药厂、杭州天目山药厂、兰溪一新药厂等药厂的技术顾问。建议杭州胡庆余堂药厂将传统中成药"杞菊地黄丸"剂型改革为"杞菊地黄口服液"，并考证了"神香苏合丸"（庆余救心丸）中朱砂应属于赋形剂。他为杭州天目山药厂、杭州第二中药厂提供治疗气管炎、糖尿病的验方，并制成"复方淡竹沥""养阴降糖片"等中成药。这些中成药分别于1983年、1984年、1985年通过省级鉴定，已推广使用，为广大病家所推崇。其中"复方淡竹沥"还远销东南亚地区，创造了巨大的经济效益。此外，他为医院制剂室先后制定了治疗感冒、咳嗽的"复方板蓝根冲剂""清热止咳糖浆"及治疗偏头痛的"头痛灵"。经临床应用，皆有良效。同时，他还为医院提供治疗病态窦房结综合征、快速型心律失常、溃疡性消化不良、反流性消化不良和吞气症等病证的有效药方，由他提供药方的千年健强力圈及磁药颈枕、磁药护腰、磁药护胸系列产品等均通过省级鉴定，已广泛用于临床。

杨老不仅专长医术，一生以医贵乎精为宗旨，具有高深的中医理论知识和丰富的临床实践经验，而且还是一位颇有造诣的书画艺术爱好者，诊余之暇，偶尔书画，挥毫惟妙挺秀。他时常以医会友，丹青传情。曾为很多名人士看过病，如巴金、夏衍、傅抱石、常书鸿、黄宾虹、刘海粟、姜亮夫、沙孟海、陆俨少、陆抑非、钱瘦铁等，诊后，互赠字画，结下了深厚的友谊。在杨老的客厅里，杏苑画坛交相辉映，四壁挂满了名家书画，有何香凝老人的梅花、傅抱石的山水、郭沫若夫妇的诗词及姜亮夫、陶秋英合作的双松图等。蜡梅的傲寒清香，山水的挺秀闲逸，正是对杨老高洁品性的写照，对他术精德高的赞美。他在工作上任劳任怨，医术上精益求精，对党忠心耿耿，对待干部群众都一视同仁。他常说："对待病人要做到官民一致，朝野一致，认识与不认识一致。"他的高尚医德，在病人中有口皆碑。丽水市政协的一位同志在给他的致信中写道："在我家属三年求医的困难日子里，得到您的热情关怀和帮助……愿人世间同志情同志心永存。"这肺腑之言，表达了众多患者的心声。由于他这种悉心为民的高贵品质受到了大家的爱戴和敬重，曾多次荣获浙江省优秀共产党员称号，并被评为全国卫生系统先进工作者。

杨老曾先后担任杭州市广兴联合中医院院长，浙江中医进修学校教师，浙江中医研究所临床研究组组长，浙江医院中医科副主任，浙江省中医院内科主任、院长，浙江中医学院副院长、顾问；是浙江省人民代表大会第五至七届常务委员会委员，还曾任浙江省科协副主席等职。1978年评为主任中医师，1983年评为省级名老中医，1990年评为全国五百名国家级名老中医药专家之一。曾任浙江省保健委员会委员，专家组成员，浙江省中医药高级技术职称评审委员会主任、顾问，中华全国中医学会浙江分会副会长，中国中西医结合呼吸病学组顾问等职。由于他在中医事业上做出了较大的贡献，1991年获国务院颁发的有特殊贡献科技人员津贴奖。1998年，他虽已年逾八旬，一直在为中医药事业辛勤耕耘，期望后辈能后浪推前浪，将中医药事业不断发扬光大。

第二节 承前启后，不断开拓

杨氏认为现代医学的生物化学、影像学、细胞学、组织学等先进检测方法使得以前无法诊断的疾病得以确诊，从而可以得到早期或有效的治疗。如无症状肝炎、肾炎、心肌炎的诊断，消化道病人的内镜检查，病理切片，以及X线、CT、B超和多普勒超声等检查结果，均可作为中医临床诊断的依据。作为中医诊断学的延伸，要善于将现代医学的微观世界与传统医学的整体观念结合起来。中医和西医，在理论方面截然不同，然诊治的对象均是病人，必有相通之处，可以互相借鉴。如根据肺心病病人血液流变学甲皱微循环等实验室测定结果，以及唇甲色青紫、舌下瘀筋明显等均表明血液黏滞度增高的征象，在治疗肺心病急性发作期或缓解期均辅以活血祛瘀药以改善心肺循环，提高了疗效。又如杨老根据一位"胃肠蛋白丢失综合征"罕见病例的胃镜报告及长期低蛋白血症，依赖每周输白蛋白和用益气养血、滋阴利水法乏效的病情，采用中医辨证施治和西医抑制腺体分泌的理论相结合的方法，运用益气敛塞法，用药1个月余，使总蛋白数量明显升高，缓解了病情。所以杨老说："我们的辨证思路，有时可以吸收、借鉴现代医学的理论，博采众长，发挥中医优势，增强疗效。"

《荀子·劝学》中说："青出之蓝而青于蓝；冰水为之而寒于水。"东汉王充概括成："青出于蓝而胜于蓝"。杨老说："继承的目的在于发扬。中医药学要在不断地创新与发展中提高疗效，显示其强大的生命力。对于用先进的科学方法研究出来的确有实效的方药，尽管有些似乎难以用经典理论解释，仍应给予足的重视。""千方易得，一效难求"。而今有许多药物在运用中已有新的含义。如苍耳子、蝉衣抗过敏；槟榔、雷丸用于因对蛔虫卵过敏引起的哮喘；浮萍、地肤子、荆芥用于嗜酸粒细胞增多症；杜仲、葛根用于冠心病扩张冠状动脉，增加血流量；大剂量白芍用于加快心率等。临床上在辨证的基础上参照选用相应的药物，有时能获得意想不到的疗效。故杨老要学生尽可能多阅览近代著作、文献、杂志，多探讨，更新知识，广开思源。杨老还主张中药的剂型改革，使中药能多途径给药，让中药能从各个角度、多方位地供临床医生选用，发挥所有的作用。

第四章

高 超 医 术

第一节　肺系病证，清热化痰

一、咳嗽辨治中的"痰""热"动因说

咳嗽是肺系疾患中最常见的证候之一。中医学对咳嗽的认识，从其成因来说，认为不外乎"外感"与"内伤"。外感即为"风、寒、暑、湿、燥、火皆令人咳"。内伤则为"五脏六腑皆令人咳，非独肺也""咳证虽多，无非肺病""咳嗽不止于肺，而亦不离于肺也"。对于咳嗽的病理认识，至清代，沈金鳌在《杂病源流犀烛》中曰："盖肺不伤不咳，脾不伤不久咳，肾不伤火不炽、咳不甚。"除了指出肺脾肾三脏病变与咳嗽的关系，也阐明了咳嗽所累及脏腑在病变程序和程度上一般是随着病情的延续与加重而由肺及脾、由脾及肾的。

杨老总结了前人对咳嗽动因的各种论点，联系临床实际情况，更多地接受和继承了"嗽分六气，无拘以寒说""痰因热成"的学术观点。他认为无论是外感新起之咳嗽，或是新感引动宿疾的急性发作之咳嗽，其诱发起病之因皆是由于感受外邪，然"风、寒、暑、湿、燥、火"中除"寒""湿"外皆属阳邪或热邪，可见大多数为热邪。而即使感受了"寒""湿"邪，若在卫表不解，邪则循经入里，或郁而化热，或蕴而热化。至此热邪或热化之病邪侵袭肺，肺气壅遏不宣，清肃失司，气道不利，肺气上逆而引起咳嗽。机体为了改变肺气闭塞的现象，则以咳嗽、咳痰之形式通畅肺气、排除病邪。临床上可见有咳嗽、痰多、痰质黏、痰色白或黄等症。至于痰之形成，杨老解释说，痰字训为胸上液者，本为人身之津液，因"肺气热则煎熬津液，凝

结为痰"（《本草经疏》）；《医统》亦谓之："痰则一因于热而已，加之寒字不得"；而《儒医精要》中更有"痰能生火""火能生痰"的论述。他把这些强调"痰因热成"重视痰与热之间因果关系的论点，与自己60多年的丰富临床实践经验结合起来，遂形成了一套以清热解毒法为主的治疗痰热咳嗽的基本方剂。

对于内伤咳嗽、气血阴阳及体虚之人，以及感受外邪而日久不愈者，应局部与整体兼顾。杨老认为，外感咳嗽病起于肺，内伤咳嗽是他脏之病累及于肺，但都必须在肺脏受累之后才出现。有人将肺喻为钟，说肺体属金，非叩不鸣。"六淫之邪，自外击之则鸣；劳欲情志、饮食炙煿之火，自内攻之则亦鸣。"将咳嗽之内外因与病机作了形象说明。故在治疗咳嗽时，应全面考虑内外两方面的因素，以及肺本身与他脏的标本关系。杨老引用《景岳全书·咳嗽》之论曰："外感之咳，其来在肺，故必由肺以及脏，此肺为本而脏为标也；内伤之咳，先因伤脏，故必由脏以及肺，此脏为本而肺为标也。"指出所病脏腑之先后，而言标本之治。杨老从治病求本的原则出发，以先病为本，后病为标。急则治标，缓则治本。对久嗽肺、脾、肾虚者，分别予以标本兼顾。如气阴虚者伍太子参、沙参、麦冬，益气养阴；脾虚者伍茯苓、怀山药、米仁，健脾利湿；气血虚者伍黄芪、当归，益气养血；肾不纳气者伍补骨脂、紫石英，补肾纳气等。在前基本方中加味，寒温清补并施。对体虚久嗽者，在清肺化痰补虚基础上，再适当辅以丹参、莪术等活血行滞之品，用之亦多能增强疗效。

值得提出的是，咳嗽作为一个证候，治疗时必须鉴别各种原发病，针对原发病采取必要的综合措施。对于呼吸道有严重感染者，杨老以清为主治疗肺热证的辨证思路与现代医学主张以抗炎为主的治疗原则相吻合，为了增强抗炎力度，结合运用对致病菌敏感的抗生素，有助于尽快控制肺热证，使热清则咳亦止。如肺痨应做正规的抗结核治疗；支气管哮喘兼见咳嗽、喉间痰鸣、气道壅塞、呼吸不利而出现哮喘持续状态，需使用肾上腺皮质激素抗过敏并作缓解症状的处理；肺胀出现"虚满而喘咳"，以咳、喘、痰、肿四症并见时，则宜中西医并施，如强心利尿、纠正水电解质紊乱和酸碱失衡等，有利于促进病情的缓解。肺性脑病出现烦躁、谵语、神志恍惚、嗜睡昏蒙状态时，咳嗽反射已少，而见痰热壅闭于里，阻塞气道，故除药物治疗外，还应采取呼吸机辅助通气、人工吸痰，使呼吸道保持通畅，弥补因缺乏咳嗽反射致使痰涎壅盛，不能排出气道所造成的机体缺氧及二氧化碳潴留。另外，杨老提出，对于慢性咽喉炎、咽后壁滤泡增生，或咽喉部的异物、赘生物等引起的刺激性咳嗽，及胸膜炎引起的反射性干咳，均需积极处理原发病。如清除咽喉部位的异物；渗出性胸膜炎胸腔积液量多时，应作胸腔穿刺抽出积液，以解除肺部、气道和心脏的受压症状，从而缓解咳喘之症。总之，咳嗽所涉病证广泛、轻重不一，而咳嗽的微、剧程度与病情的轻、重并不呈正相关。故临床医生在诊治咳嗽时必须重视原发病，及时发现如肿瘤之类的潜在病证，尤其肺部是肿瘤转移的多发部位，应多加注意。各种病证出现痰热咳嗽者，均可参照上方做主证治疗或辅助治疗，并适时作必要的加减。杨老所强调的是重在法则。

二、慢性肺源性心脏病的证治经验

（一）病因病机

杨老认为，肺心病多数起于反复感受外邪，渐致肺失宣降，肺气日虚而形成。肺主气，外合皮毛，肺气虚则不能抗御外邪，反复感染即成为促使肺心病进展的主要因素。《黄帝内经》谓"邪之所凑，其气必虚""正气存内，邪不可干"。说明人体正气盛衰与感受外邪、病情进退的密切关系。另外还有"肺朝百脉""贯心肺而行呼吸"的理论，指出了呼吸运动与血液循环的关系。并提出肺气虚时，每易损及心营而使心气不足、血脉瘀滞、肺心同病。同时，肺心病在其演化进展过程中，亦可累及他脏。如累及脾，则脾失健运，湿聚生痰；累及肾，则肾不纳气，动即喘逆。古人云："肺为气之主，肾为气之根。"这是指肺与肾两者的关系。因为肺主一身之气，不断吐故纳新，而进行这一生理活动必须依赖肾的纳气。若肺病及肾，功能失司，则可见诸多病案中所描述的"肺气不降，肾气摄纳无权"之病证。此外，尚见肾虚水泛，上凌于心，临证喘逆、发绀、心悸、水肿并现。若肺心病在气道阻塞，通气功能严重受损之时，再复加新感诱发，邪热引动肝风，可出现神昏、烦躁、抽搐等症，进而昏睡嗜卧，出现痰浊内闭，蒙蔽清窍之象。因而，杨老认为肺心病是以肺、心病变为主的全身性疾病。根据肺心病病程长，发展缓慢，证候相继出现，一旦形成，本元多虚及反复感受外邪是促使肺心病形成与进展的主因，这一病因病机与临床现象，可归纳肺心病的病理特点为"热""痰""瘀""虚"，并指出这4个病理特点互相关联，不能孤立对待。

浙江中医临床名家·杨继荪

1. 痰由热生

肺心病因痰作咳，因痰致喘。痰与饮，清稀为饮，稠浊为痰。痰字训诂为胸上液者，本为人身之津液，因受肺热煎熬凝结而成，故热乃生痰之因由。《儒医精要》中有曰："却以痰能生火，而不知火能生痰也。""痰者，水也，标也；火者，热也，本也。"说明痰不仅能化热，也是因火热而形成，痰与热在一定条件下是互为因果的。杨老认为，肺心病感受外邪，以热邪为多见，即使初起遇风寒，其表邪不解，亦可郁而化热。所以他强调肺心病之痰多由热而生。

2. 瘀与痰水

临床常见肺心病病人的面色、唇舌、爪甲呈青紫；实验室检测提示多有高凝状态。他认为由于气血运行不畅，血流缓慢以致瘀血阻滞，常可引起痰浊内停、水道不利。《玉机微义》云："人之血气流行无一息之间断，才有壅滞，津液凝聚，郁而成热，痰遂出焉。"说明痰可因气血瘀滞积热而成。《金匮要略》云："血不利则为水。"《血证论》云："瘀血化水，亦发水肿，是血病而兼水也。"阐述了瘀与水的关系，故见"气滞痰聚发而为喘为咳"，血瘀水停，水液涩渗脉外，泛溢肌表发为水肿。

3. 本虚标实

肺心病是在肺之肃降、心之行血、肝之疏泄、脾之运化、肾之摄纳功能失调或低下的内因基础上形成的。前人对痰、喘也有虚、实之别。景岳曰："虚痰者何？谓其元气已虚也。"又曰："凡虚喘之证，无非由气虚耳，气虚之喘，十居七八。"本病患者形羸气弱，本元皆虚。又有外邪、痰热、水饮、血瘀等夹杂，故他认为："脏腑之虚为病之本，夹杂兼证为病之标。本虚标实为肺心病常见之特征。

（二）分期辨治

杨老认为。目前对肺心病的辨证分型较多，如"阴阳""虚实""脏腑""水饮""血瘀"等多种。为了避免"对号入座"，应当突出临证辨治的主要矛盾，以充分体现中医辨证特色在各个阶段的主导作用。他分析说，肺心病临床表现错综复杂，在急性感染期多属外感新邪诱发，郁而化热，热炽伤津所致。其症状为咳喘，痰多黄稠，胸闷气短，面色青紫，舌下瘀筋明显，脉象滑数或细数等。可见肺心病在急性感染期是以痰热、瘀滞为主，偏于实证。然而，从临床上对慢性支气管炎、肺心病之"冬病夏治"，以益气健脾补肾法多获良效的现象来看，肺心病的缓解期则多以气虚、脾肾虚弱为主，偏于虚证。故他又强调，因为肺心病在不同阶段的病情演变过程中，常常是虚实互见，既有虚证表现，又有外邪、痰热、水饮、血瘀夹杂。这些夹杂兼证统称"标实"。从肺心病标本虚实分，可概括为"脏腑之虚为病之本，夹杂兼证（痰、热、饮、瘀）为病之标"。所以本虚标实，是肺心病常见之特征。杨老根据多年临床实践经验，认为对本病之治疗以急性发作期与解期的分期辨治为宜。

1. 急性发作期

肺心病的急性发作期是在已有内虚和夹有不同程度的饮痰内伏与瘀血阻滞的基础上，因外感新邪而诱发。

此期多是邪实正虚、虚实夹杂，突出的矛盾为"痰"与"热"。由于痰热壅盛而导致咳、喘或心悸、水肿等均在原有程度上加重、加剧。至于肺心病急性感染期病情的轻重与转化情况，则取决于病邪的性质、程度和病人的体质。他认为从临床所见，肺心病感受外邪以热邪常见。热邪有转化快的特点，每易热炽伤津，出现烦热渴饮、痰黄稠、舌红绛、苔黄燥糙、脉象弦数等。但肺心病急性期的这种标实现象，通过治疗可获得缓解。因其本质还是虚证，并有阴虚、阳虚之分。若素体阴虚者，感受热邪则迅速转化，旋即可出现痰热炽盛，伤津耗阴之象；而素体阳虚者，在外感之邪不解时，邪蕴郁滞，化热之势则相对较缓，逐渐出现痰质黏稠难以咳出，痰色白或黄，舌质仍为淡胖，舌苔腻，脉细弦等。他认为两种不同体质的患者，虽然临床症状不尽相同，但化热之趋势是一致的。

在治疗方面，因肺心病急性期感受外邪是主因，故治标急于治本，应迅速控制病邪，不使病邪深入传变而伤正气。立方下药，首先，应考虑清热解毒为主，以迅速控制感染，宣肺化痰，保持呼吸道通畅。由于急性呼吸道感染，多数是痰由热生，故清热重于祛痰。其次，活血化瘀亦很重要，因肺心病严重时可常伴有面色爪甲青紫、舌下瘀筋明显，与中医"肺气虚，影响心营亦虚，气行血行，气滞血瘀"理论是符合的，所以用药时不能忽视活血化瘀。又因肺心病瘀滞之血，往往利于病邪生长而不利于邪热的清除，而且肺心病患者多数年龄较大，部分病人常肺心病与冠心病并存。在清热药中伍用活血化瘀药，意在改善气血之载运，改善血氧浓度，即降低血液黏滞度，调节血氧渗透压，使药物易达病所，从而加强清泄之力，对促进心肺血液循环亦能起到一定作用。杨老还指出，因肺心病人多有年高病久、体质虚弱等特

点，对因热盛伤阴耗津者，适佐养阴不碍邪之清热生津之品，以护津祛邪，亦属必要；对正虚不能达邪者，予虚实辨证，伍用参芪，扶正祛邪，攻补兼施，亦未尝不可，关键在于辨证准确。另外，对热邪未能控制，累及心、脾、肾，出现心悸、胸闷、气短、唇舌爪甲青紫、腹水等症状，治疗上应在清热、宣肺、涤痰之基础上加入利水药，并应选用活血利水之法。因大量利水药的采用，可致血液浓缩、血液黏稠度增高，故他始终重视活血药的配伍运用。

肺心病急性期常用方药如下所述。

（1）清热药：黄芩15～30g，虎杖30g，七叶一枝花15g，鱼腥草30g，野荞麦根30g，银花30g。

肺心病病人大便秘结加生大黄10g。大黄既能泄热，又能活血化瘀，而且肺与大肠相表里，通腑气亦能降肺气，人参泻肺汤中用大黄，亦属此证。

（2）宣肺法药：杏仁12g，木蝴蝶9g，川贝9g，桑白皮12g，竹沥半夏12g，鲜竹沥（冲）30ml。

（3）清热生津药：芦根30g，鲜石斛30g，天花粉15g（热炽而湿未尽化）。

（4）养阴清热药：玄参15g，天麦冬各15g，大生地30g，西洋参9g（湿从热化已伤津耗液者）。

（5）活血化瘀药：桃仁12g，川芎15～30g，炒莪术15g，京三棱15g，王不留行12g，丹参30g，生蒲黄12g，炒水蛭6g，赤芍12g，郁金10g。

（6）加减药：如痰热湿浊壅阻，脘腹胀满，大便秘结，苔黄厚腻或粗糙等，配用生大黄10g，炒莱菔子15g，炒枳壳12g，枣儿槟榔30g连壳打。如尿少、下肢肿，加车前草30g，葶苈子15g，猪苓30g，冬葵子30g，或活血利水之泽兰、益母草、虎杖根、马鞭草等。如心阳虚衰（阴损及阳），加别直参10g，附片15g，麦冬30g，西洋参9g（通心阳、养心阴两者兼施）。

杨老特别强调，由于肺心病病人的心肺功能均有不同程度的损害，处于抵抗力低下的状态，对病原体侵袭的反应能力减弱，起病往往呈隐袭式，不具有发热、咳脓痰或白细胞增多的特征，但只要有咳、喘、痰多的症状，仍应看作是肺部感染，不容忽视。因急性感染未得控制，病情进展，通气功能发生严重障碍时，可导致呼吸衰竭，甚至出现肺性脑病。而肺性脑病是肺心病死亡的主要原因。此期治疗必须采用中西医结合措施，如抗感染、畅通呼吸道及纠正缺氧、心力衰竭和酸碱平衡与电解质紊乱，必要时辅以人工呼吸机机械通气。他分析说因通气障碍，清浊之气不能纳吐，壅盛之邪热内陷，蒙蔽清窍，引动肝风，症见神昏谵语、惊厥抽搐、嗜睡、昏迷等。治疗上除采取综合措施外，中药可从清热养阴、宣窍化痰、息风活血等方面着手。药选银花、连翘、黄芩、野荞麦根、虎杖、鱼腥草、鲜芦根、鲜石斛、玄参、麦门冬、鲜菖蒲、郁金、杏仁、川贝、桑白皮、天竺黄、鲜竹沥、羚羊角、生石决明、制白僵蚕、地龙、桃仁、丹参、赤芍等，并择用万氏牛黄清心丸、安宫牛黄丸、紫雪丹、至宝丹、猴枣散等。若见喘急、汗多肢冷、脉细微或结代等真阴耗竭、元阳欲脱之证用别直参或参附汤扶正固脱亦为抢救一法。应当一提的是，肺性脑病患者，多数牙关紧闭，服药依靠鼻饲或药液灌肠。以寄希望于剂型改革，静脉给药则可提高疗效。

在整个急性发作期的治疗中，控制肺部感染是个重要环节。在这一期的各个阶段应始终重用大剂清泄痰热药，并调整服药方法为每日一剂半或两剂，以提高药物浓度；同时要针对病机，在各阶段均佐入活血药以增强疗效。

2. 缓解期

肺心病缓解期是在感染基本控制的情况下，仍留有不同程度的咳痰或动则气急等症状，属邪未祛尽，正虚日甚阶段。此期的突出矛盾已由急性发作期的"痰与热"转化为"虚和瘀"。临床证候仍然有"咳""痰""喘"，但多已属"虚证"。虚有阳虚、阴虚、阴阳两虚之不同，然临床所见以阳虚、阴阳两虚为多。

至于痰与瘀在慢性肺心病的急性发作期和缓解期是个共性，仅程度不同而已。慢性肺心病由于肺功能差，几乎是长期缺氧。肺心病之"咳、痰、喘"与脏器之归属，一般均以"肺、脾、肾"来区分。这是根据前人"肺为气之主""肾为气之根""脾为生痰之源"的理论而来。喘因肾不纳气，古人用补肾药治疗肺心病，实践证明是有效的，特别是在缓解期。但从病因来说，"喘"主要是肺气肿，肺功能减弱所致，肾不纳气是一个方面。清代曹拙巢有"肾不纳气则气上逆，肺气失宣气亦可上逆也"之说。这说明前人在这方面已有所认识。

在治疗上，以"缓则治本"为原则，根据病人的体质和累及脏腑的不同，分别进行整体调治。以虚瘀并顾、扶正活血为主，辅之清热祛邪，以图正胜达邪，稳定病情，延缓病程发展。

（1）肺卫不固："肺为气之主"，肺心病病人多气虚表疏，卫阳不

固，不能抗御外邪，常因新感引动宿疾。他对表虚易感者以益气固卫，如玉屏风散、参苏饮为主，重用黄芪。根据实验室有关报道，黄芪有较强的抗呼吸道细菌、抗黏附作用，并有较好的提高免疫功能的作用。又因"肺虚则少气而喘"。他在益气药中常佐马兜铃、海浮石、枇杷叶等止咳化痰之品。

另外他指出，肺心病病人过敏体质者较多，如常夹有荨麻疹、慢性鼻炎，对某些刺激亦极易引起过敏，导致气管痉挛，突然喘逆。所以主张适当加入疏风（抗敏解痉）药，通常选用苍耳子、辛夷、蝉衣、徐长卿、防风、浮萍、地肤子、地龙等药。对虫卵过敏者，则适入乌梅、使君子等祛虫之品以祛病源。

（2）气阴不足：肺心病多见于40岁以上的人。《素问·阴阳应象大论》曰："年四十，而阴气自半也。"《格致余论》记述："人生至六十七十以后，精血俱耗，平居无事已有热证。"何况有病之体，虚火内炽，阴液暗耗。老年人中，气阴不足者十之七八。高龄患者伴咳声低弱及言语无力、舌红脉细者，应以养肺阴兼以益气，如北沙参、天麦冬、野百合、山海螺等。对肺阴虚者用益气药，当选清补之味，如太子参、生晒参、西洋参等。如肺阴虚及肾阴不足者，用生地、萸肉，女贞、龟板、五味子、冬虫夏草等滋肺补肾。

（3）脾虚生痰："脾为生痰之源"。临床上有相当一部分患者，在用清热祛痰药后，咳减，痰色由黄转白，痰质由黏稠转为清稀，咳痰趋畅，但痰量仍多。他认为此时肺热渐清而脾虚矛盾日益上升，治疗上当以扶中化饮为主，药选四君合款冬花、白前、白芥子、苏子、姜半夏、佛耳草、钟乳石、化橘红等。

（4）肾不纳气："肾为气之根"。因喘促日久，气不得续，历来以喘属肾不纳气。古人用益肾纳气法治喘，确有一定疗效。他多选用紫石英、五味子、巴戟天、紫河车、淫羊藿、仙茅、甜苁蓉、炒牛膝、鹿角胶、菟丝子、海狗肾及人参蛤蚧汤、肾气丸等。但他认为补肾纳气是治喘的另一方面，"肾不纳气，则气上冲，肺气壅塞，则气亦冲"，当明辨之。临证上本病患者多由于支气管常呈痉挛状态，通气功能与换气功能障碍而致喘，其可能是各种原因引起的呼吸表浅、肺泡活动减少而互相黏合、血液瘀滞等多种因素，故杨老治喘常在补肾前提下与益气固卫、活血化瘀、清宣化痰等法并施，增强机体防御能力以改善心肺循环和通气功能，无不相得益彰。

（5）肾虚水泛：另外对部分高年肾虚出现畏寒、肢冷、面色㿠白、水肿及舌淡、苔白脉细、舌下瘀筋明显等脾肾阳虚、肾虚水泛患者，杨老则常予以温补脾肾、活血利水之法治之。

肺心病缓解期常用的方药有以下几种。

1）益气固卫：系治本病大法之一。方剂用玉屏风散、紫苏饮、苓桂术甘汤。

2）补肾纳气：系治本病大法之二。①肾阳虚：制巴戟10g，补骨脂12g，紫河车9g，淡苁蓉10g，菟丝子12g，胡芦巴12g，淫羊藿12g，仙茅12g，鹿角胶10g。②肾阴虚：大生地30g，黄肉9g，制女贞12g，龟板15g，五味子9g。③肺肾阴虚：北沙参30g，冬虫夏草5g，天、麦冬各15g，制首乌15g。

3）宣肺祛痰：杏仁10g，桔梗12g，桑白皮15g，炙马兜铃10g，川贝10g，竹沥半夏12g，海浮石30g，枇杷叶12g。

4）温化痰饮：紫菀10g，白前10g，炒白芥子10g，炒苏子12g，姜半夏10g，杏仁10g，佛耳草12g，制百部12g，钟乳石12g，款冬花10g。

5）活血化瘀：丹参30g，桃仁10g，川芎12g，红花9g，三棱10g，莪术12g，赤芍12g，三七（研粉，吞）3g，降香6g。若有热蕴，加生大黄6～9g。

上述益气固卫、补肾纳气、宣肺祛痰、活血化瘀四法，前两法主要是扶正固本，增强机体抵抗力，后两法主要是改善心肺循环与通气功能。

对于肺心病之肺气塞阻、干咳喘逆患者，可参用麻杏石甘汤加桔梗、桑白皮、射干等宣肺祛痰。如热象明显，大量清热药仍需佐入。至于肺心病喘逆日久不愈，热象不明显者，应考虑在补益的基础上酌加潜降之品，如灵磁石、紫石英、牛膝、龟板、薄荷、沉香片等。

对部分高年且病久的肺心病者，一般统称为"老年痰饮病"，临床证候有面色㿠白、畏寒肢冷、背部怕冷、痰白润、舌质多偏淡、边或带紫、舌下瘀筋明显、脉细等。病因病机属于"脾肾阳虚"。如为平时常见之证，治疗措施应着重温补脾肾、活血祛饮为主。

常用方为：黄芪18g，党参15g，附片6g，桂枝6g，制巴戟9g，补骨脂12g，淫羊藿15g，仙茅15g，丹参30g，桃杏仁各9g，款冬花9g，炙紫菀9g，炒白前9g，炒苏子9g，姜半夏9g，茯苓30g，炒白芥子6g，佛耳草12g。有恶心纳减或脘胀等，加川厚朴12g，干姜6g或生姜4～5片。

治疗脾肾阳虚的成药有：①黑锡丹，适用于咳喘，真元亏损，上盛下虚。组成为黑铅、硫黄、附子、玉桂、小茴香、沉香、阳起石、胡芦巴、补骨脂、肉果霜、广木香、川楝子、香附。②半硫丸，适用于心阳衰（心肾阳衰）之喘证。组成为半夏、硫黄。③控涎丹，用于治痰浊壅盛、胸胁疼痛之"悬饮"（胸膜炎、胸腔积液）。组成为制甘遂3g，制大戟6g，炒白芥子9g（汤剂、散剂均可用）。散剂用量一般为吞服3～4g。根据方解，能直达水气所居之处，以攻决为用。

以上总结了杨氏在治疗肺心病临床辨治中的一些方法。急性发作期是以清为主，结合化痰，佐以活血，并注意患者禀赋体质，权衡虚实。既顾其本，又不碍邪，寓补于清之中。在缓解期中或以益气养阴，或以健脾补肾等扶正固本，同时，或佐以清热活血，或佐以活血祛饮，始终抓住"血瘀"这个共性。注重活血行瘀，以达到改善心肺功能之目的。杨氏在肺心病的整个治疗过程中，常贯穿着清热、活血、补虚三法，只是所处阶段不同，其侧重亦不同。

杨老还十分重视肺心病的防治，鼓励病人锻炼身体，增强身体的卫外功能，减少发病机会，逐步使肺功能得到改善，以医药力之不逮，并要求患者戒烟，减少因吸烟以及环境污染、化学物质接触等致病因素。倡导肺心病患者进行"冬病夏治"，注重缓解期的培本养正以及入冬时节的"冬令调治"，坚持数年，不无益处。

三、外感咳嗽证治经验

杨老认为外感咳嗽，中医称之为表邪外袭，肺气失于宣降。有外感"风热"与外感"风寒"之别。从临床所见，以外感"风热"者为多。

（一）风热咳嗽

古人有"温邪上受，首先犯肺"之说。虽然这是对温病而言，但亦适用于风热患者，由于肺上通咽喉，开窍于鼻，所以外感风热之邪，往往有身热咳嗽、咽燥、咽红、咽痛、咳吐黄黏之痰、鼻塞、流黄涕、口苦干、苔黄、脉象浮滑数等症。

治则为"清热、解表、宣肺、化痰"，注意要突出清与宣（清热、宣肺）。

主方：清热用连翘15g，银花30g，黄芩20～30g，野荞麦根30g，板蓝根12g（如胃不适，去之，改鱼腥草）；宣肺化痰用炒大力子12g，木蝴蝶9g（脱敏），杏仁10g，桔梗12g，前胡12g；疏表用蝉衣6g（脱敏），薄荷6g，苍耳子9g（脱敏），野菊花9g。

杨老说，上方除具有清热、宣肺、化痰外，还有抗过敏作用。

在服外感中药时，要注意煎服的方法。应先将生药浸泡20分钟，再煎，滚后煎15分钟即可。并注意下药的先后。每日服1剂半。

目前这一类咳嗽，常有迁延1～2个月不愈的（但无发热），在诊断上认识尚不一致，有认为是炎症，或病毒，或过敏等。"热甚蕴肺，肺失宣降"是由于炎症延至呼吸道下端所致，所以立方时应加大清热药的量。方为：黄芩30g，七叶一枝花30g，山海螺30g，野荞麦根30g，桔梗12g，木蝴蝶9g，杏仁10g，制百部15g，竹沥半夏12g，前胡12g，蝉衣9g，甘草5g。如咳喘有哮鸣音者，加麻黄6g，射干6g；痰壅加桑白皮15g，竹沥半夏12g。杨老认为，这类咳嗽用川贝、猴枣散等效果并不明显。

（二）风寒咳嗽

外感"风寒"咳嗽往往表现为咳嗽痰白而多稀薄，鼻流清涕，口淡，不欲饮，苔薄白，脉浮缓等，或有畏寒、肢冷等。

治疗应以疏散风塞、宣肺化痰为主。

处方：苏叶6g，苏梗（后下）9g，荆芥9g，川桂枝6g，辛夷（后下）9g，制百部12g，炒前胡10g，姜半夏10g，炒苏子9g，桔梗12g，杏仁10g，茯苓12g，生姜4片。

如痰湿重，苔白，口淡，纳减，加川厚朴10g，制苍术10g；如有脘腹胀满，加枳壳12g；咳喘加麻黄6g，射干6g；如咳久不愈，加炙紫菀9g，炙款冬9g，佛耳草12g，炒白前12g。

四、肺系病证案例

医案1 陶某，男，66岁。

患者因左肺癌入院，入院后予支气管镜检查，活检病理：小细胞肺癌。予静脉化疗，化疗后2周复查CT：左肺肿块已明显缩小。再予以第2次化疗，化疗后10天，患者出现咳嗽咳痰，痰黄质稠，发热，体温为39℃，考虑化疗后，并发肺部感染，予胸部X线检查，示右肺感染灶。查体：右下肺可及湿啰音，心率为85次/分。舌红，苔黄腻，脉数。

西医诊断：左肺癌（化疗后）；肺部感染。

中医诊断：咳嗽（痰热蕴肺）。

中医辨证：痰热蕴肺，肺失宣降。

中医治则：清热化痰，宣肺止咳。

处方：鱼腥草30g，黄芩30g，野荞麦根30g，桔梗12g，前胡12g，杏仁12g，象贝12g，姜半夏12g，枇杷叶12g，莱菔子30g，枳壳12g，厚朴12g，七叶一枝花12g。7剂。

二诊：患者咳嗽减轻，痰薄黄，体温基本正常，大便欠畅。右下肺可及少量的湿啰音。病情已好转，上方加瓜蒌仁30，决明子30g。

处方：鱼腥草30g，黄芩30g，野荞麦根30g，桔梗12g，前胡12g，杏仁12g，象贝12g，姜半夏12g，枇杷叶12g，莱菔子30g，枳壳12g，厚朴12g，七叶一枝花12g，瓜蒌仁30g，决明子30g。7剂。

7剂后，患者咳嗽咳痰基本消失，大便通畅，肺部未及湿啰音。复查：右下肺感染灶基本吸收。

医案2 薛某，男，71岁。1990年11月18日初诊。主诉：咳嗽、咽痛30余天。

患者感冒已30余天，有恶寒发热、咽痛咳嗽。自服感冒药及抗生素后热退、咳减，5天前因夜间受凉又感咳嗽、咽痛，咳较剧，服感冒冲剂及头孢菌素后，痰由黄转白，咽痛尚存而来就诊。诊查示：外感热已退，复感咽痛，咳嗽，痰白黏，舌质红，苔黄，脉滑。听诊示：两肺呼吸音粗，未及干、湿啰音。辅助检查：X线示两肺纹理增粗。

辨证：外感风热之邪，邪袭肺卫，久而不愈，从热入里，煎液为痰，痰热壅阻。经西药抗菌消炎，痰热稍挫。然痰湿蕴滞，复而化热生痰，痰热壅肺。

西医诊断：上呼吸道感染。

中医诊断：咳嗽（痰热壅肺）。

中医治则：清肺化痰。

处方：鱼腥草30g，炒黄芩12g，野荞麦根30g，浙贝母15g，竹沥半夏12g，桔梗、前胡各9g，苏梗12g，炒牛蒡子、炒陈皮、川厚朴各9g。共5剂。

按 本患者1个月内2次感冒，前症未罢，后症又起。咳嗽一症，临床上常见多种抗生素并用而未能完全控制，而中医中药却多疗效确切。本病以清肺化痰为主，使气机宣畅，表邪透达，热去痰孤，痰热清则咳嗽止。

医案3 刘某，女，58岁。1992年12月15日初诊。主诉：反复咳嗽、咳痰20余年，加重3天。

病史：反复咳嗽、咳痰20余年，每于入冬或气候变化时易诱发或加重。有慢性阻塞性肺疾病史、肺心病史。诊查示：咳嗽气急，痰多白黏难咳，咳剧时左侧胸痛，神疲纳呆，口干不欲饮，下肢浮肿，舌质边红紫、苔黄燥，舌下瘀筋明显，脉细弦而数。听诊示：两肺呼吸音较低，左下肺可闻及湿性啰音。肺功能试验示：中度肺通气功能障碍。X线检查示：肺气肿伴左下肺炎性改变。心电图示：低电压，电轴顺钟向转位，肺型P波。

西医诊断：阻塞性肺疾病伴感染；肺心病。

中医诊断：肺胀。

中医辨证：痰热蕴结、夹有瘀滞。

中医治则：清肺泄热，化痰解毒，佐以活血行瘀。

处方：鱼腥草、炒黄芩、野荞麦根、银花各30g，浙贝母12g，丹参、车前草各30g，竹沥半夏、炙桑白皮、桔梗、炒枇杷叶各12g，桃仁、杏仁、炒陈皮各9g，鲜芦根30g。5剂。

按 本例为慢性阻塞性肺疾病伴感染、肺心病。证属痰热蕴肺，肺失肃降，本虚标实，标急于本之证。先用大剂清热化痰之品以泄肺热，使气道畅通，并佐以活血行瘀，改善心肺功能，待邪热得解，痰浊得化，可另投益气补肾、活血宣肺之品，以固本善后。

医案4 赵某，男，75岁。会诊时间：1992年6月11日。主诉：反复气急胸闷30余年，再发半个月。

病史：于1992年6月9日入院，拟诊哮喘性支气管炎、肺气肿。平时间歇选用头孢氨苄、头孢拉定和特布他林、硫酸沙丁胺醇吸入气雾剂，症状能得缓解。今年1月起用上述药物后气急、胸闷如故，后加用泼尼松亦乏效。近半月来，上述症状加重，并咳嗽、痰难咳出，难以平卧，两下肢浮肿，来住院治疗。病房即予吸氧，并用头孢呋辛酯、硝苯地平、喘定、地塞米松、喘乐宁、特布他林片及棕色合剂等药，仍气急不能平卧。请杨老予以中药结合治疗。

浙江中医临床名家·杨继荪

原有高血压史20余年，常服硝苯地平每日2次，每次1片，血压尚稳定，无明显心绞痛病史。

诊查：咳嗽、气喘、不能平卧，痰量不多、色白、质黏，胸闷，两下肢浮肿；舌质红，苔薄黄略腻；脉滑。血白细胞为$5.6×10^9$/L，中性粒细胞为0.73，淋巴细胞为0.27，血红蛋白127g/L，血小板计数为$81×10^9$/L，红细胞沉降率（以下简称"血沉"）为22mm/h。肝肾功能正常。血糖5.9mmol/L（105mg%）。心电图示：传导阻滞。

西医诊断：喘息性支气管炎。

中医诊断：喘证（痰浊狙肺）。

辨证：老年病久体虚，又复夹感，痰热阻肺，水湿内聚。

中医治则：先拟清热祛痰，平喘降逆。

处方：炒黄芩24g，鱼腥草30g，野荞麦根30g，杏仁12g，竹沥半夏12g，桔梗12g，桑白皮12g，炒苏子9g，清炙地龙12g，炒葶苈子12g，海浮石15g。5剂。

二诊：1992年6月19日。服上药气急胸闷较前改善。上方去海浮石，加川厚朴9g、鲜芦根30g。7剂。

三诊：1992年6月25日。气急、胸闷改善，西药抗生素已停，大便欠畅，舌苔黄腻而糙，脉弦。上方去桔梗、地龙，加炒莱菔子15g、全瓜蒌12g、炒陈皮9g。7剂。

四诊：1992年7月2日。已能来去走动，气急胸闷均改善，大便畅通，下肢肿退。仍守原意，前方去陈皮，继进7剂。

五诊：1992年7月9日。病情稳定，舌苔略黄腻，脉弦。前意继进巩固。

处方：野荞麦根30g，炒黄芩15g，桑白皮12g，炒莱菔子15g，全瓜蒌12g，桔梗9g，杏仁9g，竹沥半夏12g，川厚朴12g，炒新会皮9g，炒枳壳9g。7剂。

按　患者系肺肾两虚之体，但外感邪热未清，痰阻于肺，肺失宣降，故先从清热宣肺、化痰降逆着手，容再议补。

医案5　胡某，女，76岁。中医专家门诊：1992年12月13日。主诉：反复咳嗽、咳痰30余年，再发加重7天。

病史：患者30多年来，每于秋冬季节或气候突然变凉时易出现咳嗽、咳痰。近10余年来咳剧时可伴气急、胸闷。不伴咯血，潮热、盗汗等。7天前医案5因受凉后咳嗽明显，咳痰量少，色白黏。在附近医院经化痰、消炎后效果不佳，而来杨老处就诊。诊查：咳嗽气急，痰多白黏，咳剧则左侧胸痛，纳呆，口干不欲饮，双下肢轻微浮肿；唇甲青紫，舌质黯滞，苔黄腻，舌下瘀筋明显；脉细弦而数。辅助检查：血常规示白细胞计数及中性粒细胞百分数均增高。X线检查示慢性支气管炎、肺气肿伴左下肺感染。心电图示低电压，电轴顺钟向转位，肺型P波。

西医诊断：慢性支气管炎伴左下肺感染；肺心病。

中医诊断：肺胀。

辨证：痰热蕴肺，夹有瘀积。

治则：清肺化痰，佐以活血化瘀。处方：鱼腥草30g，野荞麦根30g，银花30g，丹参30g，车前草30g，竹沥半夏12g，炙桑白皮12g，桔梗12g，桃仁12g，杏仁9g，炒陈皮12g，鲜芦根20g。5剂，分3日服完。

二诊：咳减，痰少易咳，气急渐平，纳尚可，舌质偏绛而干，脉细数。继进益气养阴，佐以清宣行瘀方药。

处方：党参15g，麦冬15g，北沙参30g，丹参30g，鱼腥草30g，野荞麦根30g，炒当归12g，炒枇杷叶12g，桃仁9g，杏仁9g，清炙款冬花9g。14剂。

按 本例为慢性支气管炎伴感染、肺心病。中医诊断为肺胀，辨证属痰热蕴肺，夹有瘀血，肺失肃降，本虚标实，标急于本之证。肺胀患者常有唇甲青紫，舌质暗滞，浮肿、心悸、痰黏难咳出等症，且实验室检查又多有高黏高凝状态存在。故本例先用大剂清热化痰之品以泄肺热，促使气道畅通，并佐活血行瘀之品，改善心肺功能，待邪热得解，痰浊趋化。待诸症趋缓，病情好转后继以益气养阴、活血行瘀，以图固本善后。

医案6 戴某，男，76岁。中内专家门诊：1990年12月8日。主诉：反复咳嗽、咳痰40余年，再发伴音嘶3天。

病史：反复咳嗽、咳痰40余年，每于入冬或气候变化时易诱发或加重。有慢性阻塞性肺疾病史、肺心病史。近3天来感咽干、音嘶，咳嗽较甚，且有哮鸣音。诊查：形体偏胖，咳嗽有痰，痰白黏难咳，咽干，音色不扬，神疲纳呆，口干不欲饮，大便偏干；舌质红，苔黄燥，脉弦而数。两肺偶闻哮鸣音。听诊示：两肺呼吸音较低，左下肺可及湿性啰音。辅助检查：血白细胞总数和中性粒细胞百分数增高；X线示肺气肿伴左下肺炎性改变；肺功能试验示轻、中度肺通气功能障碍；心电图示窦性心动过缓，低电压，电轴顺

钟向转位，肺型P波。

西医诊断：慢性阻塞性肺疾病伴感染。

中医诊断：咳嗽（痰热壅肺）。

辨证：痰热内蕴，兼感外邪。

治则：清宣泄热，降气化痰。

处方：野荞麦根30g，南北沙参各15g，麦冬12g，浙贝母15g，杏仁9g，桔梗12g，甘草4g，前胡10g，炒枇杷叶9g，清炙紫菀9g，蝉衣6g，炒扁豆衣12g，炒米仁30g。6剂。

二诊：咳减，痰转少易咳；咽干好转，声音扬；舌质红，苔少；脉细弦。

处方：野荞麦根30g，南北沙参各30g，麦冬12g，浙贝母15g，杏仁9g，桔梗12g，甘草4g，炙枇杷叶12g，胖大海6g，蝉衣6g，辛夷6g，炒米仁30g，红枣12g。6剂。

按 本例西医诊断为慢性阻塞性肺疾病伴感染，中医辨证属内有痰热内蕴，复感风热外邪，风热引动痰热兼挟为患，肺失宣降，发为咳嗽、咳痰、咽干、音嘶等。本症外邪胶黏内邪为患，痰热不化，则外邪不解，故应首重清肺化痰，待热退痰化之时，则外邪自解。故遣方用药时应以清化为主，同时兼顾患者年高体衰，气阴两虚，兼投沙参、麦冬之品滋养气阴，祛邪不忘扶正。

医案7 彭某，女，56岁。中内门诊：1993年12月20日。主诉：反复咳嗽、咯痰20余年，加重伴发热4天。

病史：反复咳嗽、咳痰20余年，每于入冬或气候变化时易诱发或加重。有慢性阻塞性肺疾病史、肺心病史。诊查示：咳嗽气急，痰多白黏难咳，咳剧时左侧胸痛，神疲纳呆，口干不欲饮，下肢轻度浮肿，舌质边红紫、苔黄燥，舌下瘀筋明显，脉弦而数。听诊示：两肺呼吸音较低，左下肺可及湿性啰音。辅助检查：血白细胞总数和中性粒细胞增高；X线检查示肺气肿伴左下肺炎性改变；肺功能试验示轻、中度肺通气功能障碍；心电图示低电压，电轴顺钟向转位，肺型P波。

西医诊断：慢性阻塞性肺疾病伴感染；肺心病。

中医诊断：肺胀（痰热壅肺）。

治则：清肺泄热，化痰解毒，佐以活血化瘀。

处方：鱼腥草30g，炒黄芩30g，野荞麦根30g，银花30g，浙贝母12g，紫丹参30g，车前草30g，竹沥半夏12g，炙桑白皮12g，桔梗12g，炒枇杷叶12g，桃仁泥9g，杏仁9g，炒陈皮9g，鲜芦根30g。共5剂。

1个疗程后体温降至正常，咳嗽、气急缓解，痰少易咳。左下肺仍可及少许湿啰音。X线示左下肺炎性明显吸收。

按 本例患者辨证属痰热壅肺证型，其中"黄芩治肺热"乃李时珍的亲身经历和体会，《本草纲目》中有相关记载。鱼腥草在《本草经疏》中曰："治痰热壅肺，发为肺痈吐脓血之要药"。野荞麦根功效为清热解毒、清肺化痰，应用于肺热咳嗽、咽喉疼痛及肺痈咯痰浓稠腥臭者。三者共奏清热解毒、清肺化痰之功，是清肺的君药。浙贝母、杏仁清肺化痰、降气止咳为臣药；桔梗、前胡一升一降、宣肃肺气，止咳化痰共为臣药；半夏下气化痰，同时有和胃降逆之功，痰热较盛者用竹沥半夏以助清热化痰为臣药，热痰胶结较轻者可用姜半夏为佐药以承胃气，避免清凉之药攻伐过度。

医案8 刘某，男，77岁。1993年1月30日就诊。

因全身肌肉酸痛、头痛、发热2个月而入院。入院时检查：血白细胞、血沉偏高，抗链球菌溶血素"O"（以下简称抗"O"）、类风湿因子阴性，蛋白电泳示γ-球蛋白为29.5%，血清唾液酸为1106.5mg/L，谷丙转氨酶正常，碱性磷酸酶为70U/L，总蛋白为66g/L，白蛋白为36g/L，球蛋白为30g/L。B超示：肝区弥漫性肝病，脾大。头颅多普勒示：脑动脉硬化、供血不足。CT示：脑萎缩。

入院诊断：发热待查。

用中药苍术白虎汤后舌质转红，改用蒿芩清胆汤，体温依然不降。患者以往有化脓性中耳炎病史，入院后五官科检查无异常。脑脊液检查阴性。诊查：体温39.1℃，头痛，有颈项拘急，动则浑身肌肉酸痛，纳便尚可，舌质红而燥，脉弦数。

西医诊断：发热待查；上呼吸道感染；除外其他原因。

中医诊断：外感发热（风热夹湿）。

辨证：外感风热夹湿，风热上扰则头痛频作。风湿侵犯肌表，而见一身楚痛。

中医治则：清热疏风、祛湿通络，佐以生津。

处方：银花30g，炒黄芩15g，青蒿15g，防己12g，生米仁30g，炒桑

浙江中医临床名家·杨继荪

枝30g，葛根30g，制白僵蚕12g，淡竹叶9g，鲜石斛30g，鲜芦根30g，麦冬18g。5剂。

二诊：午后发热（体温为37.8℃），头痛、颈项拘急感均有改善，舌质淡，苔黄腻。上方去防己、桑枝，加羌活9g，炒楂、神曲各12g，淡竹叶改为15g。7剂。

三诊：体温下降至正常，颈项拘急，浑身疼痛均好转，尚感乏力。上方续5剂。

按 本例发热、头痛、浑身肌肉酸痛，苔腻。前辨证为湿热，用苍术白虎乏效，而见舌质红燥。杨老考虑患者似属阴虚夹湿体质，故认为投药过燥易伤津，过凉易碍湿，遂改以清热疏风、祛湿通络，佐以生津之剂。因药恰病机，服后症状减轻，调理而愈。

病案9 冯某，女，63岁。1991年7月22日就诊。

病史：患者平时容易感冒，晨起常感咽干有痰，胃纳尚可，食量不多，睡眠欠佳，每日要服安眠药。有腰椎骨质增生，时常腰酸。诊查：咽干多，易于感冒，痰色时黄时白，寐少，腰腿酸痛，苔微黄，脉细。

西医诊断：上呼吸道感染；腰椎骨质增生。

中医诊断：感冒（体虚轻感）；虚劳（心肺阴虚，肾脏亦亏）。

辨证：素体阴虚，肺之气阴不足，皮毛不固，易受外邪侵袭，心阴不足则寐少口干，老年肾亏而见腰酸腿痛。近来痰多、苔黄，乃感邪肺气失宣之象。

中医治则：拟清宣宁神。

处方：杏仁9g，炒橘红6g，竹沥半夏9g，川贝母9g，麦冬15g，枣仁12g，川石斛30g，丹参15g，西青果6g，炒杜仲15g。10剂。

每剂药第一煎加水2碗，煎成半碗，第二煎加水一碗半，煎成半碗。服法：饭后2小时服，上下午各1服。

按 本例冯女士从香港去上海转经杭州，身体不适，邀杨老调治，因即日返港。携方带回。杨老用药处方，十分注重病情轻重缓急、形体肥瘦，以调节性味、剂量，从而强调用药的适度。

病案10 陈某，男，66岁。1991年9月30日就诊。

因诉反复咳嗽咳痰7年，又发半个月就诊。病史：患者既往有慢性支气管炎已7载,近三四年来先后3次出现自发性气胸。半个月前咳嗽又发作,于9月7日入院。入院时咳嗽有痰,痰量不多,舌红苔黄腻,曾予清热化痰法,服用后舌质迅速红降,苔光剥,继而又用养阴清热药及西洋参等,舌红绛有好转,但痰仍难以咳出。请杨老诊治。诊查:咳嗽,痰难咳出,稍动气急,面色潮红,寐差,乏力,口干不欲饮,舌质红,苔薄白,脉弦。

西医诊断:慢性支气管炎急性发作期。

中医诊断:咳嗽。

辨证:肺阴亏耗,肺气上逆;肺气不足,咳而气短。

治则:先拟养阴清肺、化痰止咳,兼以活血行瘀。

处方:南、北沙参各30g,野荞麦根30g,银花30g,鱼腥草30g,天、麦冬各15g,杏仁9g,桔梗9g,桑白皮12g,竹沥半夏9g,炒枇杷叶12g,丹参24g,赤芍12,鲜芦根30g,炒楂曲各12g。7剂。

药后咳减、痰松,口不干,气急改善,舌苔复常。继以益气养阴、清热润肺,佐活血之剂,调理1周出院。

按 本例初以清热化痰,继以养阴清热。治疗法则正确,然老年人素体阴虚者用苦寒燥湿药不宜太过,用养阴滋补药又不能太腻,防恋邪碍胃。老年久病者多有瘀滞,加活血行瘀药,往往有事半功倍之效。

医案11 李某,女,31岁。1989年9月2日就诊。

主诉:咳嗽咳痰1周。患者妊娠后2个月,并于1周前外感后出现咳嗽,痰少,以夜间为甚,有时喉间可闻及哮鸣音。无发热,无胸痛。胸部X线检查示未见明显异常。检查血常规:白细胞计数为7×10^9/L,中性粒细胞为0.623,嗜酸性粒细胞为0.113,予常规抗感染治疗,效果不佳。诊查:两肺未及干湿啰音,心率为78次/分,律齐,腹软,未及压痛。舌质红,苔薄白腻,脉细略数。

西医诊断:急性支气管炎。

中医诊断:咳嗽(风热犯肺)。

中医辨证:风热犯肺,肺失宣降。

中医治则:疏风清热,宣肺止咳。

处方:射干6g,麻黄3g,蝉衣9g,僵蚕9g,大力子9g,前胡9g,浙贝12g,枇杷叶12g,莱菔子30g,制半夏12g,桔梗9g,杏仁12g,枳壳9g,厚朴9g,徐长卿12g,土茯苓30g。7剂。

二诊：患者咳嗽已明显好转，舌质偏红，苔薄白，脉细。加黄芩15g，金荞麦15g，以加强清肺。

处方：射干6g，麻黄3g，蝉衣9g，僵蚕9g，大力子9g，前胡9g，浙贝12g，枇杷叶12g，莱菔子30g，制半夏12g，桔梗9g，杏仁12g，枳壳9g，厚朴9g，徐长卿12g，土茯苓30g，黄芩15g，金荞麦15g。7剂，药后咳嗽消失。

按 现代医学认为支气管炎，其病因可由细菌、病毒，或支原体、衣原体等感染引起。许多病人经西医抗感染治疗，咳嗽延久未愈。杨老认为中医辨证为咳嗽，风热犯肺，肺失宣降，故咳嗽。患者虽为妊娠后，但"有病则病当之"，治疗应予疏风清热，宣肺止咳药用：大力子、蝉衣、僵蚕疏风清热；射干、麻黄、浙贝、枇杷叶、莱菔子、桔梗、杏仁宣肺平喘止咳；制半夏、枳壳、厚朴化痰下气，徐长卿、土茯苓祛风，肺热加黄芩、金荞麦等。

医案12 张某，男，72岁。1994年1月2日就诊。主诉：进行性肌萎缩症，呼吸困难1月余。

患者为进行性肌萎缩症，出现呼吸困难，住院治疗，合并有肺部感染，经抗感染治疗后，仍有咳嗽，痰黏色黄，胸闷，纳差，大便干结。诊查：消瘦貌，舌红绛，无苔，脉细弱略涩。

西医诊断：进行性肌萎缩症；肺部感染。

中医诊断：肺痿咳嗽（气阴亏虚，痰热蕴肺）。

中医辨证：肺热叶焦，津液不能四布以滋润五脏四肢，导致肺气宣降失常，萎弱不用。合并痰热蕴肺，导致咳嗽。

中医治则：益气养阴，清热化痰。

处方：南沙参6g，北沙参6g，麦冬12g，天冬12g，生地12g，元参9g，百合12g，银花15g，山海螺30g，芦根30g，百部12g，姜半夏9g，知母6g，象贝9g，枇杷叶9g，杏仁9g，郁金9g。7剂。

二诊：患者咳嗽好转，呼吸困难较前减轻，大便偏烂，已有少量舌苔，舌质红绛，脉细。胃气来复，继前意，加健脾之品。

处方：南沙参6g，北沙参6g，麦冬12g，天冬12g，生地12g，元参9g，百合12g，银花15g，山海螺30g，芦根30g，百部12g，姜半夏9g，知母6g，象贝9g，枇杷叶9g，杏仁9g，郁金9g，扁豆衣9g，炒米仁15g，茯苓12g。7剂。

三诊：咳嗽减少，呼吸困难好转，已能较长时间脱机自主呼吸，精神及食欲明显好转，舌质已有红绛转为淡红，舌苔增多。治拟益气健脾养阴，所谓"治痿独取阳明"也。

处方：生芪6g，太子参9g，麦冬9g，五味子6g，熟地6g，扁豆衣9g，炒米仁30g，茯苓12g，怀山药9g，枇杷叶9g，姜半夏9g，王不留行9g，当归6g，陈皮6g。7剂。

四诊：病情好转，但正气亏虚明显，四诊合参，患者肺脾肾俱亏，宜补肺健脾益肾，以善其后。

处方：黄芪9g，当归9g，党参6g，白术6g，茯苓12g，山药9g，扁豆9g，米仁30g，大枣15g，羊乳30g，蛤壳12g，紫石英15g，天冬9g，天花粉9g，熟地9g，枇杷叶12g，山茱萸9g，陈皮9g。7剂。

按 肺痿首见于《素问·痿论》，云："五脏因肺热叶焦，发为痿躄""治痿独取阳明"。肺痿的病机之一，肺热叶焦，不能输布津液，导致五脏失养，痿弱不用。如肺失润养，肺脏痿弱，宣降失常，呼吸困难。杨老认为本例患者肺痿诊断明确，肺热日久，肺津亏虚，损及脾肾，导致多脏痿弱不用，治疗先予益气养阴清肺并重。肺热得清后，则转为益气养阴补肺，再兼补脾肾。治疗当有序有理，才能取得疗效。考虑到患者肺脾肾亏虚已久，不能忍受竣补，故采用轻剂缓补之法，实为经验之谈。本例患者虽有咳嗽，但根据治病求本的原则，治痿而咳止，充分体现了中医辨证施治的精神。从本案可见，杨老在治疗过程中十分重视补脾之法，正合《素问·痿论》"治痿独取阳明"之意。

医案13 徐某，男，63岁，就诊时间为1992年6月7日。主诉：咳嗽气急1年余，加重2周。

患者于1年前无明显原因出现咳嗽、气急，伴发热，就诊当地医院，考虑肺部感染，予以抗感染治疗，疗效不明显，来杨老处就诊，CT检查，发现左侧肺癌，不能手术。服中药后病情稳定。2周前外感后，引动旧疾，咳嗽气急明显，伴有发热，体温为39.6℃。咳痰色黄，痰中有血丝，大便通畅。症见：气促明显，口唇发绀，消瘦，两肺可及大量的哮鸣音及湿啰音，舌红，苔黄腻，脉滑数。

西医诊断：慢性气管炎急性发作，呼吸衰竭，哮喘，左肺癌。

中医诊断：喘证（痰热蕴肺）。

中医辨证：患者素有肺疾，感受外邪，内外引动，痰热蕴肺，肺失宣降，故咳嗽气急，舌红，苔黄腻，脉滑数，为痰热之征象。

中医治则：清热化痰，宣肺平喘。

处方：七叶一枝花12g，金荞麦30g，黄芩30g，鱼腥草30g，桔梗12g，象贝12g，前胡12g，三叶青12g，制半夏12g，射干12g，麻黄6g，莱菔子15g，白英12g，枳壳12g，川朴12g，鸡内金12g，黛蛤散24g，茜草12g，丹参15g。7剂，煎服，每日1剂，忌辛辣、油腻，注意静养。

二诊：患者咳嗽、气急已明显好转，无明显咯血，胃纳增加，舌红，舌根黄腻。痰热蕴肺好转，肺阴更亏，可加用养阴清补之品，原方加鲜石斛12g，麦冬12g。7剂。予带药巩固治疗。

按 杨老十分重视"痰""热"动因说，认为新感引发慢性支气管炎之急性发作，多为痰热。临床所见无论黄痰、白痰，皆可从热论治，治疗当以清热化痰为主，而且贯彻整个治疗的过程。杨老认为通过清肺化痰，使肺内的痰液排出体外才能改善通气功能。重用鱼腥草、黄芩、野荞麦根，清热解毒，清肺化痰，剂量宜大，各为30g，以去成痰之因；祛痰药，可用桔梗，用量可大至30g，一般剂量为12～15g，促进痰液的排出。患者合并有哮喘，故予射干、麻黄平喘。慢性支气管炎，平素多兼气虚，血脉不畅，加之急性发作，痰热内蕴，导致瘀阻，此时须伍以丹参、郁金、桃仁、赤芍、虎杖之类活血行瘀，改善肺部血液循环，促进气、血的氧分交换，改善肺功能，并使药物通过血液到达作用的部位，发挥更大的作用。但本例患者有咯血之症，不适合大剂使用活血药，故用活血止血之茜草、丹参，止血而不留瘀，活血而不动血。二诊，患者病情明显好转，渐露肺阴不足之象，故予以鲜石斛、麦冬清养善后。

医案14 孙某，男，59岁，就诊时间为1994年6月4日。主诉：膀胱癌术后2年，发热咳嗽1周。

患者2年前出现血尿，经检查发现膀胱癌，予膀胱癌根治术，术后予以膀胱灌注化疗，后病情稳定，未见复发与转移。1周前，出现发热、咳嗽、痰少，未行治疗，今来诊，查CT：发现右下肺大叶性肺炎。血白细胞计数为$15.6×10^9$/L，中性粒细胞为82%。症见：体温为39.6℃，发热貌，两肺未及啰音，舌红，苔黄，脉数。

西医诊断：大叶性肺炎，膀胱癌术后。

中医诊断：咳嗽（痰热型）。

中医辨证：患者劳累后，正气亏虚，外邪入侵，郁肺蕴热故出现发热，肺失宣降，故出现咳嗽。舌红，苔黄，脉数为肺部郁热所致。

中医治则：清肺化痰止咳。

处方：鱼腥草30g，黄芩30g，野荞麦根30g，桔梗12g，前胡12g，杏仁12g，象贝12g，姜半夏12g，枇杷叶12g，莱菔子30g，枳壳12g，厚朴12g，七叶一枝花12g，连翘12g，石斛12g，芦根30g。7剂。嘱注意休息，增加营养。

二诊：患者发热症状消退，咳嗽好转，右下肺可及少量的湿啰音，舌红，苔薄黄，脉略数。治疗同前，再予以原方7剂。

三诊：患者无明显咳嗽、发热，但感乏力、口干、夜间出汗。查体：两肺未及啰音，舌红，苔薄，脉细。痰热已清，但肺阴受损，故拟清养，以善其后。

处方：南沙参15g，北沙参15g，麦冬12g，天冬12g，芦根30g，玉竹12g，生地15g，象贝12g，山药12g，白扁豆12g，炒二芽15g，石斛12g。15剂。

四诊：患者无明显咳嗽、发热，复查CT示右肺病灶基本消失。临床治愈。

按 杨老治疗肺热咳嗽，疗效显著。用鱼腥草、黄芩、野荞麦根为君药，清热解毒，清肺化痰，剂量宜大，各为30g；浙贝、杏仁清肺化痰，宣肺止咳为臣药；佐以桔梗、前胡宣肺下气，半夏下气化痰，并具有和胃降逆的作用。综观全方以清热化痰为重，祛邪外出；以宣肺肃肺之品，恢复肺的生理功能。邪热蕴肺，易伤肺阴，故予沙参麦冬汤清养收功。

医案15 杨某，女，81岁，1993年1月18日初诊。主诉：咳嗽、咽痛15天。

患者15天前感冒，出现恶寒发热，咽痛咳嗽，自服酚麻美敏后热退咳减，3天前又因受凉后咳嗽咳痰加重，咽痛，体温为38.2℃，又服酚麻美敏及头孢类抗生素后，热未全退，仍咳嗽咳痰，咽痛，遂来就诊。诊查：发热、咽痛、咳嗽、痰白黏、不易咳出、大便偏干、舌质红、苔黄腻、脉滑。听诊：两肺呼吸音粗，未及干、湿啰音。肺部X线检查示两肺纹理增粗。

西医诊断：上呼吸道感染。

中医诊断：咳嗽（痰热犯肺）。

中医辨证：外感风热之邪，邪袭肺卫，久而不愈，邪热入里，进而煎液为痰，痰热壅肺。

中医治则：清肺化痰止咳。

处方：鱼腥草30g，野荞麦根30g，浙贝母15g，莱菔子15g，瓜蒌仁15g，决明子15g，黄芩12g，姜半夏12g，枇杷叶12g，薄荷12g，苏梗12g，桔梗9g，杏仁9g，前胡9g，枳壳9g，川厚朴9g。7剂，每日1剂，水煎服。

服药后，咳嗽咽痛诸症皆除。

按 本例咳嗽患者半个月内前症未罢，后症又起。咳嗽一症，临床上常见并用多种抗生素而未能完全控制，经中医辨证采用中药治疗却收到很好效果者。方中以鱼腥草、黄芩、野荞麦根清热解毒，清肺化痰；浙贝母、杏仁清肺化痰，降气止咳；桔梗、前胡一升一降，宣肃肺气，止咳化痰；薄荷、苏梗清热解毒利咽；姜半夏、枇杷叶化痰兼承胃气，避免清凉之药攻伐过度；枳壳、厚朴、莱菔子以宽中理气祛痰；瓜蒌仁、决明子润肠通便，兼使邪从下走。本方一则清肺热，一则化痰湿，使表邪透达，气机宣畅，湿去可竭生痰之源，遂痰热清而咳嗽止。杨老临证治疗上呼吸道感染时，如热象重者，加金银花、连翘、七叶一枝花、桑白皮等以加强清涤肺热之力；苔白腻，头身重，属湿困者，加大豆卷、佩兰、豆蔻以芳香化湿；舌红少津者，加鲜芦根、鲜石斛以清热化津；伴胸脘胀闷者，加瓜蒌、郁金、枳壳、厚朴、莱菔子以宽中活血，祛痰下气；对痰哮气喘者，则加麻黄、射干、地龙以平喘解痉；伴大便秘结不通者，加生大黄、决明子、瓜蒌仁；而对久咳气逆，痰色始终呈白色者，加苏子、紫菀、款冬花，凉温并用以消痰下气，定喘止咳。

第二节 心系病证，宽胸理气

一、冠心病虚实合参治疗经验

（一）病因病机

胸痹心痛历代文献论述甚多，历代医家对胸痹的概念、所属脏腑等看法不一，有关论述多包括了心、肺及胸膈病变在内的胸部痹阻性疾病的总称。如"肺痹者，烦满，喘而呕；心痹者，脉不通"（《素问·痹论》）。《诸病源候论》分列"心痹候""胸痹候"。与心痛相关论述则有"心病者，胸中痛，胁支满，胁下痛，膺背肩胛间痛，两臂内痛"（《素问·脏气法时论》）及"真心痛，手足青至节，心痛甚，旦发夕死，夕发旦死"《灵枢·厥论》之说。这种真心痛即是胸痹心痛重证，与冠心病心绞痛、急性心肌梗死颇相类似。胸痹、心痛两者尚有区别，不可混为一谈。胸痹为正气亏虚，复外感寒、湿等阴邪，同气相求，引动痰浊，壅阻于胸，胸阳不振，上焦枢机不利，闭塞不通，发为胸痹，即胸痹发病非必为阳虚，说其阳虚实乃胸阳为阴邪所遏，不得运化而表现出的一派阳气虚衰之象，故治疗时不以附子、肉桂温阳，而以瓜蒌薤白半夏汤之类化浊通阳，阳通得运，则阳复寒散；其病位可广及上焦，临床表现多为心胸满闷，胸闷重而痛轻，气短，或伴有痰多，脘腹胀闷，苔白腻，脉滑。而心痛则多为素有血络瘀阻，涉及心脉，脉道闭塞，不通则痛，发为心痛，病位以心前区为主，临床表现为胸闷心悸，心痛如刺，痛引肩背内臂，唇舌紫暗，脉细涩或结代等。病之后期胸痹心痛两者多相兼为病。临床上胸痹尚无统一的对应病名，可表现为循环系统的疾病，也可无明显对应疾病；心痛则多见于循环系统疾病中冠心病心绞痛、心肌炎、心力衰竭等；胸痹心痛亦包括胃痛及肋间神经痛等。共同证候特征为胸闷、心痛、短气。发病年龄多见于中老年人。胸痹心痛病因甚多，有寒、痰、气、瘀等。杨老结合临床认为有三个方面应加以强调：①病因虽多，痰浊、瘀血为患尤为重要。痰浊是胸痹的重要病理产物和病因；瘀血又为心痛的重要病理产物和病因。病之后期胸痹心痛两者多相兼为病，并可出现以痰瘀交阻为患为主的情况。②重视食积、脂毒致病之说。体重超标者逐年增多，代谢综合征者增加，胸痹心痛患者相应增多，病因及证治也更加复杂。尤其是年高者肾阳不温，五脏薄弱，脾胃运化功能不足，若多食肥甘厚味，易变生痰浊、脂毒，上犯胸阳；或素有瘀血，痰、脂与之交阻，心脉痹阻，可为胸痹心痛之生机；况且痰浊、脂毒亦可黏着脉道，以至血液循行不利，发为胸痹心痛。③亦有素体阴虚之人感受热邪为病，如心肌炎、感染性心内膜炎等。故用药时不可一概温之，以免误治。病机上，张仲景在《金匮要略·胸痹心痛短气》中云："夫脉当取太过不及，阳微阴弦，即胸痹而痛，所以然者，责其极虚也。今阳虚知在上焦，所以胸痹心痛者，以其阴弦故也。"将胸痹心痛病机概括为"阳微阴弦"，认为胸阳不足是胸痹心痛发生的病理基础，揭示了胸痹本虚标实的病变实质。其中胸阳不振是病机的关键，而枢机不利及心脉痹阻则是胸痹心痛的重要病理基础。概因胸部为清廓

之野，清阳所聚。心主血脉，血液环流脉中，全赖心脏阳气的推动和温煦。若阴寒之邪侵袭，凝滞气机，胸阳不振，寒邪收引血脉，气滞血瘀致心脉拘缩挛急而突发剧痛；而痰浊、瘀血、食积、脂毒既可为病理产物又可为重要病因，胸阳不振者可停聚心脉引起血液黏着，脉道不利，发为胸痹心痛。本病病位主要在胸部，以心为主，同时在整个病程中与肝、脾，尤以肾关系密切。结合现代医学的各项检查，可定位于心和"冠状动脉"。杨老认为，从整体看，冠心病最基本的病机是正虚邪实，即发生在虚体基础上的虚中夹实之证。与年龄、病程均有一定关系。初起以偏实为多，久病以偏虚常见。虚为心、肺、肝、脾、肾及气血阴阳亏虚，功能失调；实为寒凝、气滞、血瘀、痰阻、湿遏，每因气候骤冷，或潮湿闷热，或因饮食情绪等因素而诱发。其病因虽不同，但疾病之发展趋势"气滞血瘀"则是共同的，并可导致脏腑气血失调、阴阳盛衰偏颇，而表现为各种不同的病理变化。如因表邪引起的急证、实证；由于内伤、病久引起的虚证，阳虚则阴盛表现为虚寒证，阴虚则阳亢表现为虚热证。

（二）临床诊断

胸痹临床表现主要为心胸满闷，胸闷重而痛轻，气短，或伴有痰多，脘腹胀闷，外感诱发，阴雨天易发，苔白腻，脉滑；心痛临床主要表现为胸闷心悸，心痛如刺，痛引肩背，唇舌紫暗，脉细涩或结代等。胸痹可为缓慢起病，病程较长；心痛常突然发病，时作时止。常持续1～5分钟，经休息或含苏合香丸及硝酸甘油等可缓解。本证多发生于中、老年人，常因情志波动，气候变化，过度劳累等而诱发。胸痹以外感阴邪诱发为主；心痛则常因情志波动、过度劳累等而诱发。心电图应列为必备的常规检查，必要时可作动态心电图、心功能测定。胸痹在辅助检查时可无明显异常特征；或有心电图改变。心痛则在心电图检查多可出现ST-T段的缺血性改变等。心脏B超、冠状动脉造影等特征性改变可为临床诊断提供可靠标准。多若疼痛剧烈，或持续时间较长，含化硝酸甘油片后难以缓解，短期内出现"真心痛，手足青至节，心痛甚，旦发夕死，夕发旦死"的"真心痛"表现，应配合心电图动态观察及血清酶学、白细胞总数、血沉等检查。

（三）辨证要点

冠心病心痛多突然发生，忽作忽止，迁延反复，日久之后，正气益虚。若失治或治疗不当，或不善调摄，每致病情加重，甚至受某种因素刺激而卒然发生真心痛，严重者可危及生命。故辨证时，应注意虚实，分清标本，注意缓急。其临床主要特征是膻中部位及左胸憋闷疼痛。轻者可无明显心痛，仅有胸闷如窒、心悸、怔忡，重者则见疼痛剧烈、胸痛彻背、背痛彻心、持续不解等证。疼痛不典型者，可见上腹、胁下、背部疼痛，应特别予以重视。

1. 辨部位

疼痛轻，满闷重，并波及整个前胸者，多为胸痹；疼痛以心前区为主，并有放射痛者多为心痛。

2. 辨疼痛性质

属寒者遇寒加剧并常兼形寒肢冷、舌淡苔白、脉迟等寒象；属热者得热痛甚，并常兼烦或躁、舌红苔黄、脉数等热象；属虚者痛势较缓，其痛绵绵，喜揉喜按；属实者痛势较剧，其痛如刺、如绞；属气滞者多有情志不畅或波动的表现；属血瘀者痛如针刺，痛有定处。

3. 辨疼痛程度及疼痛持续时间

一般疼痛发作持续时间及次数与病情轻重程度呈正比。但必须结合临床表现，具体分析判断。治疗上认为不可一概以胸阳不足为辨及专事温运胸阳。以胸闷为主者，宜通阳散寒，化浊通痹；以心痛为主者，宜活血化瘀，通络止痛。

（四）辨证施治

1. 气滞心胸

（1）证候：心痛隐隐、痛无定处，胸闷，时欲太息，常遇情志因素而引发，或兼脘腹胀满，得暖气、矢气而舒；苔薄或薄腻；脉细弦。

（2）治则及方药：理气、宽胸、通阳。张景岳有"血行由气，气行则血行，故凡欲活血，则或攻或补皆当以调气为先。"《金匮要略·胸痹心痛短气病脉证治》以胸痹乃阳气不足，痰阻气滞，按温中通阳、行气豁痰立方。其中治疗上焦阳微、寒浊上逆的瓜蒌薤白白酒汤，治气机失调之枳实薤白桂枝汤，均着重于理气、宽胸、通阳。理气通阳法又与治瘀相关联，如仲景治瘀十八法中，用桂枝的方剂达十方，桂枝辛温入血，不仅善行血中寒滞，亦能取其辛散温通。故杨老用药强调活血药与通阳药合用，每每取得相得益彰的效果。常用理气药有白檀香、降香、沉香、辛夷、神香苏合丸；宽胸药如郁金、枳壳、全瓜蒌、薤白、苏梗；通阳药有桂心、桂枝、干姜、吴

茱萸、细辛、附片等。

2. 瘀血痹阻

（1）证候：胸痛如刺，或绞痛阵作，痛有定处，伴有胸闷、口唇爪甲发钳、皮肤暗滞；舌暗有瘀点；脉涩或结代。

（2）治则及方药：活血行瘀。前人在此方面有较多实践经验，如《本草经》中提到川芎有治疗心腹坚痛的作用；南朝《名医别录》提及丹参能去心腹疾。目前实验研究报道，活血化瘀药有扩张血管、溶解血栓、改善冠状动脉血循环、使心肌氧的供求达到平衡等方面的作用。杨氏常用的活血化瘀药有当归、赤芍、丹参、苏术、参三七、川芎、桃仁、红花、毛冬青、蒲黄、五灵脂、延胡索、三棱、莪术等。

3. 虚证

（1）证候：心气不足者，可见心痛隐隐，憋闷不舒、不能平卧，且因劳累、运动或情志变化而加重，心悸，神倦乏力；舌淡苔薄；脉细。心阴不足者，可见心烦、寐少，或有轰热、口干；舌质偏红；脉弦细而数。心阳不足者，兼见面色㿠白、肢冷发麻、神倦怯寒、气短自汗等。

（2）治则及方药：扶正顾本。根据冠心病的临床表现，如阳虚症状为主者，予以参附汤，或四逆汤加桂枝、吴茱萸、细辛、黄芪、川芎；阴虚症状明显者，予以生脉饮、玄参、黄精、生地、首乌、丹参等；对阴阳两虚者，可用参附汤合生脉饮、桂枝、甘草、玄参、黄精、生地、黄芪、丹参、川芎等。

（3）临床加减：①冠心病伴高血压者，以阴虚阳亢为多见，常以养阴息风、活血通络为主。药用：首乌、生地、玄参、槐米、白菊花、决明子、钩藤、生石决明、夏枯草、丹参、川芎、赤芍、丹皮、炙地龙、炒牛膝、毛冬青、杜仲。②冠心病伴见期前收缩、脉结代、偏阳虚者，予以人参、附片、桂枝、甘草、芍药、石菖蒲、红花、丹参、川芎、苦参、郁金、益智仁。③胸闷者给予瓜蒌、薤白。④脉急促、偏心阴虚者，予太子参、麦冬、五味子、炙甘草、制黄精、苦参、川芎、龙齿、炒枣仁、制远志、郁金等。

二、高血压病的治疗经验

（一）病因病机

原发性高血压病在中医古籍中散见于眩晕、头胀、头痛、耳鸣等。

历代医家对高血压病的病因病机认识逐渐完善和全面。如《素问·至真要大论》云："诸风掉眩，皆属于肝。"《灵枢·海论》云："肾虚则头重高摇、髓海不足则脑转耳鸣。"《丹溪心法》提出"无痰不眩""无火不晕"之说。《景岳全书》阐发"无虚不能作眩。"明代虞传则论述"血瘀致眩。总结历代医家的认识，中医对高血压病的病因病机归纳为"风""火""痰""虚""瘀"，如表现为肝阳上亢、肝火亢盛、痰浊壅阻、肾精不足、气血亏虚、瘀血内阻等不同的临床综合征。

杨老认为高血压病治疗以消积导滞合用平肝息风为主。平肝息风药有钩藤，刺蒺藜，僵蚕，龙骨，牡蛎等，消积导滞药有莪术、郁金、莱菔子、半夏、生山楂、川朴、枳壳、泽泻、决明子、蔻仁、虎杖、过路黄。其中莪术、郁金为君，破瘀消积，行滞解郁，畅通气血；莱菔子、生山楂、半夏为臣，祛痰、导积、理气、消食；虎杖、过路黄、决明子、泽泻等活血开郁，清利肝胆，通利小便而清除郁热。佐以川朴、枳壳、蔻仁理气行气，畅通气机。全方合用，可达消积导滞、畅通气血、降低血压之效。

原发性高血压病为临床多见病，且发病年龄年轻化。高血压病的病因目前尚未完全明了，但认识到患者血压的升高是为了克服心脑肾等重要脏器血流供求不平衡所做出的保护性代偿反应。故单纯降压，不能全面解决高血压引起的多脏器损害和彻底防止并发症的产生。

高血压病属中医"眩晕"的范围，杨老认为高血压病、冠心病、脑动脉硬化、糖尿病、脂肪肝等为血瘀、痰浊、脂毒、食积、气郁所致。对于高血压的证治，提出"求本理血"理论，其根据上述理论结合临床经验，运用活血养心之法。杨老认为时人患病，多由气血不畅所致，尤其是现代之年轻人，进食膏粱厚味，运动极少，瘀多虚少，积多虚少，瘀积内滞，血脉不畅，发为此病。正如《素问·调经论》所谓："血气不和，百病乃变化而生。"《金匮要略·脏腑经络先后病脉证》云："若五脏元真通畅，人即安和。"说明气血不畅可致疾病，气血调和，则无病安康。杨老认为治疗高血压病可根据中医"疏其血气，令其调达，而致和平"的原则进行疏理。杨氏尤其注重化瘀浊，调脏器功能，使气血流畅、血脉平和，从而达到治疗目的。

高血压病涉及的脏腑为心、肝、肾、脾。心主血脉，肝藏血，脾生血统血，肾藏精，精血同源。上述四脏均与血有关。任何一脏功能的失调，均可导致血脉的不畅，气血运行失常，瘀积内滞，血压升高。高血压的病理本质是血脉不和不畅。通过直接梳理血脉，或通过调理心、肝、肾、脾脏器的功能，间接疏理气血，使血脉平和。血虚者，养其血；血瘀者，疏其血；血脉不畅者，柔其血脉；以达养血、活血、柔血的作用。在临床治疗此类高血压病可用大剂量川芎、当归、赤芍、桂枝、丹参、益母草、葛根等疏利血脉为主。还可兼以通过调节心、肝、肾、脾脏器功能，如肝火亢盛者，加龙胆草、黄芩、夏枯草、石决明、丹皮、白菊花、决明子、茺蔚子、泽泻、牛膝、连翘等泻肝清火；对阴虚阳亢者，加生地、首乌、桑寄生、龟甲、山茱萸、枣仁、元参、赤芍、丹皮；对痰浊蕴盛者，予息风化浊，可用天麻、勾藤、胆星、半夏、石菖蒲、莱菔子、橘红、枳壳、泽泻；对柔韧血管，可加槐米、首乌、连翘、地龙、白菊花等。肾虚不能生精血者，补其肾，可用左归丸或右归丸加减；脾虚不能生血统血者，可选用四君子汤加减。

（二）辨证施治

杨氏结合自己丰富的临床经验，将原发性高血压病辨证分型论治为以下6型。

1. 肝火亢盛型

本型多见于单纯高血压病者，以青年人多见。

症状：头晕且痛，目赤口苦，胸胁胀满，烦躁易怒，舌红苔黄腻，脉弦等。

治则：清肝泻火。

方药：龙胆泻肝汤加减。

组成：龙胆草、黄芩、山栀子、泽泻、木通、车前子、当归、生地黄、柴胡、生甘草等。

2. 肝阳偏亢型

本型多见于单纯高血压病者，以中老年人多见。

症状：眩晕耳鸣，头目胀痛，面红目赤，急躁易怒、心悸健忘，失眠多梦，腰膝酸软，舌红少苔，脉弦而有力。

治则：平肝潜阳。

方药：天麻钩藤饮加减。

组成：天麻、钩藤、生决明、山栀、黄芩、川牛膝、杜仲、益母草、桑寄生、夜交藤、朱茯神等。

3. 痰浊瘀阻型

本型多见于高血压合并脂肪肝或高脂血症者，以中青年人多见，以五积多见。

症状：眩晕而见头重如蒙，视物旋转，胸闷恶心，呕吐痰涎，食少寐多，舌胖大，有齿痕，苔白腻或黄腻，脉濡滑。

治则：祛瘀化浊。

方药：五积方加减。

组成：决明子、莪术、郁金、莱菔子、瓜蒌子、半夏、生山楂、虎杖、泽泻、川朴、枳壳、白蔻仁、钩藤、刺蒺藜、僵蚕等。

4. 阴虚阳亢型

本型多见于高血压病合并糖尿病者。

症状：头痛、头胀、头晕、耳鸣、失眠、颈项僵硬、视物昏花，另伴有口干、舌燥、心悸、气短、腰酸、小便清长、乏力等。

治则：滋阴潜阳。

方药：天麻钩藤饮合六味地黄加减。

组成：钩藤、天麻、刺蒺藜、僵蚕、龙齿、紫贝齿、葛根、川芎、决明子、酸枣仁、生地、萸肉、山药、麦冬、五味子、桑椹子、天冬、玉米须、西洋参等。

5. 肝亢瘀热型

本型多见于高血压病合并更年期综合征者。

症状：眩晕耳鸣，头痛且胀，每因烦劳或恼怒而头晕、头痛加剧，心中烦热，口苦，舌红，脉弦。

治则：潜肝阳清瘀热。

方药：二齿汤加减。

组成：紫贝齿、青龙齿、灵磁石、辰砂、琥珀末、紫丹参、九节菖蒲、仙半夏等。

6. 阴阳两虚型

本型多见于高血压病合并虚劳证者。

症状：头晕耳鸣，两眼干涩，失眠多梦，腰膝酸软，夜尿频多，精神萎靡，记忆减退，遗精阳痿，舌淡苔白，脉沉或脉弱。

治则：阴阳双补。

方药：二仙汤加减。

组成：仙茅、淫羊藿（仙灵脾）、巴戟天、当归、黄柏、知母等。

　　杨氏认为，随着人们生活条件的改善，饮食结构的改变，现代人的疾病谱发生了明显的变化，高血压病的发病率明显升高，并且与高血压病相关的疾病，如冠心病、脑血管病等的发病率也随之升高。高血压病还与现代代谢性疾病，如脂肪肝、高脂血症、痛风、糖尿病等并见。杨老对高血压病合并有上述疾病的中医治疗也积累了不少经验。如高血压病合并中风，在平肝息风的基础上，选用破瘀活血通窍药，如水蛭、川芎、葛根、地龙等；高血压病合并脂肪肝，在平肝息风的基础上，选用化浊祛瘀消积药，如虎杖、莪术、莱菔子、决明子等；高血压病合并糖尿病，在平肝息风的基础上，选用滋阴益肾健脾药，如萸肉、桑椹子、玉米须、怀山药等；高血压病合并高脂血症，在平肝息风的基础上，选用祛瘀行滞消积药，如虎杖、瓜蒌、赤芍、水蛭等；高血压病合并冠心病，在平肝息风的基础上，选用宽胸活血通络药，如川芎、葛根、降香、鬼箭羽等，也可选用降血脂类中药，如决明子、苦丁茶、荷叶、虎杖等；高血压病合并痛风，在平肝息风的基础上，选用清热祛风通络药，如徐长卿、土茯苓、络石藤、豨莶草等；高血压病合并更年期综合征，在平肝息风的基础上，选用益阴滋肾潜阳药，如玄参、知母、淫羊藿、女贞子等；高血压病合并郁证，在平肝息风的基础上，选用疏肝理气解郁药，如柴胡、郁金、青支、玫瑰花等。

　　杨老认为高血压病中医分型，并非完全单一的病证，可以有许多合并证的出现，需要辨证选药。如高血压病伴有水肿证，在平肝息风的基础上，选用利水消肿药，如猪苓、防己、泽泻、车前子、益母草等；如高血压病伴有浊气壅阻者，在平肝息风的基础上，选用化浊行滞药，如明天麻、姜半夏、莱菔子、花槟榔、大腹皮等；如高血压病伴有瘀血阻滞者，在平肝息风的基础上，选用活血祛瘀药，如桃仁、红花、赤芍、丹皮、水蛭等；如高血压病伴有气血俱虚者，在平肝息风的基础上，选用补益气血药，如当归、首乌、黄芪、白术、生晒参等；如高血压病伴有气阴不足者，在平肝息风的基础上，选用益气养阴药，如麦冬、生地、石斛、珠子参、五味子等；如高血压病伴有脾肾阳虚者，在平肝息风的基础上，选用补益脾肾药，如杜仲、巴戟天、肉豆蔻、补骨脂、枸杞子等。

　　当前，高血压病的治疗概念不断更新，与之相应的治疗研究层出不穷，因而也就有了新的内容和要求。现在，人们已日益注重从缓解症状与降压的同步效应着手，重审降压的意义。因为血压升高不纯粹是消极病因病理破坏，血压升高是体内为了克服心脑肾等重要脏器血流供求不平衡所作出的代偿反应。所以治疗上不应只是抑制血压升高，应当从全面改善血流供求关系，积极扶持机体的自稳调节能力上，帮助血压所要实现的调节反应而达到和谐状态。降压的最终目的也就是实现自稳调节正常化，减少并发症，提高生活质量，以达健康长寿之目的。祖国医学对该病治疗善于从"疏其血气，令其调达，而致和平"的法则中，体现中医治病求本的思想。通过调节机体系统的平衡状态，使血压和临床症状均得以改善。这无疑比单求充分降压（降低卒中、心力衰竭、肾衰竭的发生率与死亡率）而忽视高血压的另一心血管并发症冠心病的发生率、病死率，以及抗高血压药物治疗本身所引起的副作用和生活质量下降，更具积极的实际意义。

由于原发性高血压病系一种慢性疾病，以中老年人居多，故常因久病或老年血液多呈现高凝状态而显示出不同程度的"虚、瘀"之征象。

临床表现可见头晕、头胀、头痛、耳鸣、失眠、健忘等虚中夹实之证。《素问·至真要大论》有"诸风掉眩皆属于肝"。《灵枢·海论》有"肾虚则头重高摇，髓海不足则脑转耳鸣"等记载。《丹溪心法》进一步提出了"无痰不眩""无火不晕"之说。《景岳全书》又阐发了"无虚不能作眩"。明代虞抟还提出了"血瘀致眩"的论点。这些理论从不同角度将该病的病因病机归纳为"风""火""痰""瘀""虚"。诸因素综合作用于人体，使气血阴阳平衡失调。如肝郁化火可耗损肝阴，阴不敛阳则肝阳偏亢，阳胜又化风化火，风火相煽，灼津成痰。肝风入络，经络受伤，病久血脉瘀阻、阴损及阳，但见阴损于前而阳亏于后，最终导致阴阳两虚，即出现多脏器功能的减退，其主要表现是靶脏器心、脑、肾的严重损害。因而有人指出脉络失和之"瘀"与脏腑亏损之"虚"皆为该病发展趋势之共性。这与当前不断探索揭示高血压深一层的本质，认为引起血压升高的原始动因是重要脏器血流供求失衡之论点相吻合。

根据中医理论，涉及高血压病变的脏腑为肝、脾、肾，而三脏皆与"血"相互关联。如"肝藏血"，"人动则血运于诸经，人静则血归于肝脏"；"脾统血"，"为气血生化之源"，"肾藏精、生髓、通于脑"，"精血互生"，"肝肾同源"等。既然高血压病人与"血"密切相关，又有"虚""瘀"并存之特点，在选择抗血压药物时，尤其应考虑对血液具有调节作用的中药。被荐为治血病之要药的当归，入肝、心、脾经及其与血的关系。"当归，入手少阴，以其心主血也；入足太阴，以其脾裹血也；入足厥阴，以其肝藏血也。"《日华子本草》曰："治一切风、一切血，补一切劳。"

在观察高血压病的分型治疗中，无论是肝阳上亢、气血亏虚、肾精不足、痰浊内蕴，或是瘀血阻络的各种类型，其不同治则所选的不同方药中，如用于平肝潜阳、清火息风的龙胆泻肝汤，补益气血、健运脾胃的八珍汤、十全大补汤、人参养营汤、补中益气汤、归脾汤、当归补血汤，补益肾精、充养脑髓的右归丸，燥湿祛痰、健脾和胃的当归龙荟丸，以及祛瘀生新、行血清瘀的血府逐瘀汤等，皆取用当归，有些还被列为主药。这说明祖国医学很早即对高血压病人所具有不同程度的虚、瘀之象已有一定认识，对血流供求关系失衡，影响机体自身平稳调节血压能力的这一本质已有所触及。因而从不同角度帮助改善血流的供求关系，以实现血流的自稳调节，即气血阴阳的平衡。在此，当归以期补血活血、调益营卫、润养气血之功用，于疗补虚损寓意于治本理血之中。然当归，性味甘辛而温润，对属肝火亢盛、痰湿蕴盛类型的高血压病人尚欠适宜，故选用于虚象比较明显的气血亏虚型、阴虚阳亢型和阴阳两虚型，中之夹瘀者更为适宜。以其能补血养肝，活血又养血。血因归属于阴，阴血得养则上亢之阳亦得以敛。而阳损及阴至阴阳两虚者，则取"阳得阴助，生化无穷"之理，于阴中求阳，从而使之阴生阳长。当归有补血活血之功效，在高血压病的治疗中是发挥了治本理血的作用。这种通过补虚行瘀之途径来改善血流供求平衡，从而达到抗高血压目的的方法，尤适用于老年人。

三、心系病证案例

医案1 孙某，男，63岁。1993年6月7日初诊。主诉：反复头昏头晕3年，伴胸闷。曾被诊断为"冠心病""高血压"。平时血压徘徊于16.7/（10.3～10.8）kPa［170/（105～110）mmHg］。近又感头目昏眩、胸宇塞闷。请杨老赐方带回调治。诊查：头昏且胀，胸闷痞塞；形体肥胖；苔黄腻；脉弦劲。

西医诊断：原发性高血压；冠心病。

中医诊断：眩晕（肝阳上亢，肝火上炎）；胸痹（痰浊壅盛、瘀血痹阻）。

辨证：肝阳上亢，偏于火盛；痰浊中阻，痹于胸宇；清阳不升，肝火上炎，久病多瘀。

治则：先拟清肝泻火化浊，活血潜降并进。

处方：龙胆草6g，炒黄芩15g，决明子30g，制白僵蚕9g，制全蝎9g，炒牛膝15g，全瓜蒌15g，炒莱菔子15g，枳壳15g，川芎15g，丹参30g，泽泻30g。30剂。另：羚羊角粉1.5g/d，分2次吞服。

按 本例为冠心病、原发性高血压患者。症证合参，属肝阳肝火眩晕、痰浊瘀滞胸痹。杨老予以平肝泻火、化浊活血并施。"气有余便是火"、肝火上炎，多由肝气郁而化火所致；肝阳上亢，多由于肝肾阴虚，不能制阳，属本虚标实之证；痰浊、瘀血皆为病理产物，反过来又可致病，故有"百病多由痰作祟"之说，以及"血气不和，百病乃变化而生"之理。因而，先祛其有余、病邪，尔后再予滋养肝肾，此为治疗疾病的法则及层次之具体体现。

医案2 戴某，男，87岁，干部，杭州人，就诊时间为1995年1月6日。主诉：反复胸闷心悸10余年，伴咳嗽、咳痰，双下肢浮肿1周。

病史：患者反复胸闷心悸10余年，诊断为冠心病，近1周出现胸闷心悸加重，伴咳嗽、咳痰，双下肢浮肿，为治疗而就诊。有高血压病史多年。症见：双下肢浮肿明显，舌淡红，舌下瘀筋，苔薄，脉涩。

西医诊断：冠心病，心功能不全，高血压病，肺部感染。

中医诊断：胸痹（气虚血瘀水泛）。

辨证分析：患者老年，气虚血瘀导致胸痹心悸，瘀血久留，化瘀为水，故致水肿。

中医治法：益气化瘀利水，佐以止咳化痰。

处方：生晒参12g，丹参30g，穿山甲9g，川芎12g，郁金12g，鬼箭羽12g，猪苓30g，制半夏12g，桔梗12g，前胡12g，七叶一枝花12g，天麻12g，制首乌12g，石斛12g，鸡内金12g。7剂。

二诊：患者胸痹、心悸、咳嗽好转，水肿明显消退。原方减七叶一枝花，加麦冬12g，再予以7剂巩固。生晒参12g，丹参30g，穿山甲9g，川芎12g，郁金12g，鬼箭羽12g，猪苓30g，制半夏12g，桔梗12g，前胡12g，麦冬12g，天麻12g，制首乌12g，石斛12g，鸡内金12g。7剂。

按 患者年老，素有心气亏虚，导致血脉瘀阻，出现胸痹心悸，瘀血久留，化瘀为水，导致下肢水肿。杨老认为患者属胸痹之气虚血瘀水泛，治疗当益气活血为主，药用如生晒参、丹参、穿山甲、川芎、郁金、鬼箭

羽，佐以猪苓利水。水肿为血瘀所致，故治疗以化瘀为主。患者心气虚明显，故加生晒参补气养心，益气而助活血。活血利水一久，易伤阴津，故后加麦冬养阴。

医案3 杨某，男，55岁，就诊时间为1994年12月3日。主诉：胸腺瘤放疗后2年，胸闷气急15天。

现病史：患者2年前因咳嗽发现胸腺瘤，予放疗治疗，病情尚稳定。15天前起无明显原因逐渐出现胸闷气急，不能平卧，检查B超提示：大量心包积液、胸腔积液，予心包积液引流后，症状减轻，但心包积液每日仍有50～100ml，为加强治疗而就诊中医。症见：稍有胸闷，引流液为红色，舌瘀暗，苔薄白，脉细涩。

西医诊断：胸腺瘤，心包积液。

中医诊断：积证（瘀水互结）。

辨证分析：瘀毒内结，日久化水，积于心包，影响心主血脉，故胸闷气急。

中医治法：化瘀利水。

处方：莪术12g，王不留行12g，郁金12g，丹参15g，益母草30g，葶苈子27g，桑白皮12g，白毛藤15g，猫爪草15g，泽泻30g，地骷髅30g，防己12g，车前子15g，莱菔子30g，厚朴12g，枳壳12g，陈胆星9g，猪苓30g，制半夏9g。7剂。

二诊：药后患者引流出的心包积液明显减少，每日20ml左右，积液已转为淡黄色，患者已无明显胸闷气急，舌脉如前，予减葶苈子为15g，去泽泻、制半夏。予以7剂。莪术12g，王不留行12g，郁金12g，丹参15g，益母草30g，葶苈子15g，桑白皮12g，白毛藤15g，猫爪草15g，地骷髅30g，防己12g，陈胆星9g，车前子15g，莱菔子30g，厚朴12g，枳壳12g，猪苓30g。

三诊：患者无胸闷，气急，心包引流已2天未引出积液，予复查B超：心包未见积液，拔除引流管。再予上方加减服用7剂。2个月后复查B超：未见心包积液，病情控制。

按 肿瘤引起的积液，经常规治疗，病情易反复，本案采用中西医方法，心包引流加中药巩固治疗，取得较好的疗效，杨老在化瘀利水的原则下，善用葶苈子治疗胸水、心包积液等，多则用到30g，未见明显的毒副作用，实为经验之谈。

医案4 吴某，男，70岁，1993年11月6日初诊。主诉：反复头晕10年。

现病史：患者于10年前在无明显诱因下出现头晕。当时测血压偏高达到170/90mmHg，伴有急躁易怒，耳鸣，遂开始服用降压药，血压控制一直不甚理想。患者2天前，头晕再发，伴有心悸，血压为155/85mmHg，腰膝酸软，大便时干时稀，胃纳差，舌质红、苔薄黄，舌下静脉瘀象明显，脉弦细。

西医诊断：原发性高血压病。

中医诊断：眩晕（肝阳上亢，瘀血内阻）。

辨证分析：肝阳上扰，肝肾不足，瘀血内阻导致眩晕。

中医治则：清肝息风，祛瘀化浊，补益肝肾。

处方：钩藤30g，刺蒺藜30g，葛根30g，莱菔子30g，僵蚕12g，炒黄芩12g，川芎12g，佩兰12g，厚朴12g，枳壳12g，姜半夏9g，夏枯草9g，降香9g，白菊花9g，丹参15g，杜仲15g，桑寄生15g，决明子15g，瓜蒌仁15g。7剂，每日1剂，水煎服。

二诊：服药后，头晕减轻，血压已降至130/80mmHg，纳食见增，大便正常，舌质红、苔薄白，脉细弦。上方去黄芩、夏枯草、佩兰，杜仲、桑寄生加量至30g。钩藤30g，刺蒺藜30g，葛根30g，莱菔子30g，僵蚕12g，川芎12g，厚朴12g，枳壳12g，降香9g，白菊花9g，丹参15g，杜仲30g，桑寄生30g，决明子15g，瓜蒌仁15g，姜半夏9g。7剂。随访血压持续稳定。

中医无高血压病名，然其主要症状，如眩晕、头痛、头胀、耳鸣、失眠等症状中医文献中早有记载。《素问·至真要大论》认为"诸风掉眩，皆属于肝"；《灵枢·卫气》认为"上虚则眩"；朱丹溪提出"无痰不作眩"及"头眩，痰夹气虚并火"；张景岳认为"无虚不作眩"；徐春甫认为"肥人眩晕，气虚有痰"；明代虞抟认为"血瘀致眩"。由此可将此病病因病机归纳为风、火、痰、虚、瘀。潘师认为，老年高血压，多为虚瘀相兼，在伴肝阳上亢时，也应考虑是否有肾阴亏虚，临床多见阳亢风动与阴液亏耗、上盛下虚证候同现者。指出机体中脉络失和而致之瘀与脏腑亏损而致之虚皆为该病发展进程之共因，本例高血压病属中医之阴虚阳亢证，在治疗肝火上炎、肝阳上亢之时，而又不忘其肝肾亏虚，血运不畅，虚中夹实一面。本病以清肝养肝、活血益肾之法，标本同治。在注重痰、瘀的同时，也注意临床证候的分型，抓矛盾的主要方面。如肝火亢盛者，治以泻肝清火，常选用龙胆草、黑栀子、黄芩、夏枯草、石决明、丹参、玄参、白菊花、决明子、牛

浙江中医临床名家·杨继荪

膝、赤芍、连翘等，阴虚阳亢者，治以滋阴潜阳，常选用生地、首乌、桑椹子、龙牡、鳖甲、萸肉、枣仁、丹皮等，痰湿壅阻者，治以息风化浊，常选用天麻、钩藤、胆南星、姜半夏、石菖蒲、莱菔子、橘红、竹茹、枳壳、神曲等。

医案5 廖某，男，56岁，1990年11月6日初诊。主诉：头晕2月余，再发伴加重2周。

现病史：患者平时应酬较多，2个多月前无明显诱因下出现头晕、纳差、乏力，近2周来上述症状加重，测血压，为158/95mmHg。生化检查示三酰甘油（2.58mmol/L）及胆固醇（8.08mmol/L）均升高，B超示肝脂质沉积。现症见头晕、纳差、乏力，舌质暗，瘀斑，苔白腻，脉弦。

西医诊断：高血压病、高脂血症。

中医诊断：积证（痰瘀内阻）。

中医辨证：痰瘀内积，血脉不畅，导致眩晕，瘀浊内积，膏脂过剩。

治法：祛瘀化浊，消导行滞，疏理解郁。

处方：钩藤30g，刺蒺藜15g，天麻12g，莱菔子30g，枳壳12g，川朴12g，莪术12g，郁金12g，虎杖根30g，泽泻12g，王不留行12g，小青皮12g，制半夏12g，山楂30g，土茯苓30g，薏苡仁30g，白蔻仁9g。14剂。

二诊：乏力、头晕均有好转，三酰甘油为2.47mmol/L，血压为146/76mmHg，舌红，苔薄白，脉弦细。故原方加益母草30g、泽兰15g以祛瘀通脉降压。钩藤30g，刺蒺藜15g，天麻12g，莱菔子30g，枳壳12g，川朴12g，莪术12g，郁金12g，虎杖根30g，泽泻12g，王不留行12g，小青皮12g，制半夏12g，山楂30g，土茯苓30g，薏苡仁30g，白蔻仁9g，益母草30g，泽兰15g。14剂。

三诊：患者乏力、头晕消失，诸症好转，生化检查示三酰甘油为1.71mmol/L、胆固醇为6.75mmol/L，血压为122/80mmHg，病情明显好转。

医案6 戴某，女，32岁。1991年9月6日初诊。主诉：反复咽痛4年，又发10余天，伴心悸、胸闷、乏力、纳食减退已1周。

病史：患者近三四年来经常感冒，反复咽痛。10余天前因工作疲劳乏力，咽喉疼痛再发。近1周又出现心悸、胸闷。曾作心电图检查示：窦性心律，ST-T改变。经用林可霉素、丹参注射液、能量静脉滴注等治疗，症状未控制。请杨老诊治。诊查：心率为91次/分，律齐，咽红，苔黄，脉细。

西医诊断：病毒性心肌炎。

中医诊断：心悸（邪热犯心）。

辨证：气阴不足，复感风热外邪，肺先受之，邪郁不解，内扰心神致心悸不安。

治则：先拟清热利咽，养阴活血。

处方：野荞麦根30g，银花30g，板蓝根12g，炒大力子9g，羌活9g，苏梗（后下）9g，桔梗9g，生甘草4g，炒枳壳12g，麦冬15g，玄参12g，丹参30g，炒陈皮9g。5剂。

二诊：9月27日。服药后咽痛已轻，仍有心悸、胸闷，有时面红、浑身乏力、寐况不佳，苔薄白，脉细。继以益气养阴，潜降宁神。

处方：党参12g，麦冬15g，五味子6g，丹参30g，野荞麦根30g，枣仁12g，郁金12g，牡蛎30g，石菖蒲6g，夜交藤30g，炒白芍9g，合欢皮12g，青龙齿15g，炒陈皮9g。7剂。

三诊：10月4日。服药期间又夹外感，浑身酸楚，舌红，苔薄白，脉濡。易以清热疏表。

处方：苏梗12g，银花18g，白蒺藜15g，板蓝根15g，野荞麦根30g，炒大力子12g，生米仁30g，佩兰12g，炒桑枝30g，炒陈皮9g。3剂。

四诊：10月8日。药后表解，咽不痛，时心悸，寐欠佳。继益气阴、宁心镇潜。

处方：党参12g，麦冬15g，五味子6g，合欢皮15g，郁金12g，丹参30g，夜交藤30g，牡蛎30g，青龙齿15g，野荞麦根30g，楂肉12g，炒新会皮9g。7剂。

药后心悸、胸闷、寐况、纳食均改善；心电图复查已正常。

按 病毒性心肌炎多数系反复感受外邪，扰及心神所致，予清热祛风，结合养阴活血。乃标本并施之法。

医案7 吴某，男，57岁。1991年10月7日初诊。主诉：反复胸闷气急1年，频繁发作2个月。病史：患者1986年曾发现心房颤动，当时无明显症状，自行好转，亦未再发。至1年前因疲劳感胸闷、气憋。心电图示心房颤动。用地高辛后转窦性心律。此后反复发作，均用洋地黄类药物控制。近2个月房颤发作频繁，未得控制，请杨老诊治。诊查：心悸，胸闷，气感不

浙江中医临床名家·杨继荪

舒，舌质淡红，苔薄白，脉结、促交替。

西医诊断：冠心病，心律失常，心房颤动。

中医诊断：心悸（阴阳两虚）。

辨证：心阴心阳两虚，气血运行失畅。

中医治则：益气养阴，活血通阳。

处方：太子参30g，黄芪30g，炙甘草6g，麦冬15g，丹参30g，川桂枝6g，五味子6g，益智仁9g，青、陈皮各9g。5剂。

二诊：10月12日。胸闷、气憋好转，心房颤动未控制，舌淡苔白，脉结代。益气通阳、活血宁神继之。

处方：太子参30g，黄芪30g，炙甘草6g，淡附片6g，川桂枝6g，丹参30g，麦门冬15g，五味子6g，川芎12g，青陈皮各9g，制黄精18g，石菖蒲9g，泽泻30g。5剂。

嘱自服别直参6g，另炖服。

三诊：10月17日。心房颤动控制，尚有房性期前收缩，上方淡附片、桂枝均改为9g，续进7剂。

四诊：11月12日。服前药20剂，期间未服地高辛，西药均停服，心房颤动未发作，偶有期前收缩，无胸闷不适，苔白，脉结。再拟活血益气通阳治之。

处方：党参18g，淡附片9g，生白芍15g，丹参30g，川芎12g，清炙甘草6g，郁金12g，黄芪18g，青陈皮各9g，制远志6g，苦参12g。7剂。

五诊：11月30日。症状均好转，期前收缩偶有，病情稳定，苔薄白，脉细弦。原意续进。

处方：太子参30g，黄芪30g，丹参30g，麦冬15g，五味子6g，淡附片6g，桂枝6g，清炙甘草6g，川芎12g，煨益智仁9g，厚朴12g，制远志6g，郁金12g，炒陈皮9g。7剂。

上药停服10余天，曾出现一次心房颤动，但持续时间短，继用前方，去厚朴、益智仁、郁金、太子参，加红花9g，黄精30g，杜仲18g，葛根15g，党参18g，续服半个月。后未再发作。

按 冠心病心房颤动多为本虚基础上夹有气滞、血行不畅之证，该患者心气不足、阴阳俱虚，乃气滞、血行不畅而发为心房颤动、期前收缩。用益气养阴、活血通阳法标本兼顾，并以别直参大补元气，使气盛血行，已频繁发作2个月之心房颤动得以控制。

医案8 杨某，男，57岁，1992年3月23日初诊。主诉：登高后胸闷、气短3个月。病史：感冒发热后出现期前收缩3个月，登高则有胸闷、气短，期前收缩每分钟3～4次，多时每分钟7～8次。心电图示：室性期前收缩。单光子发射计算机断层扫描（ECT）示：无明显冠状动脉供血不足。动态心电图示：大于8000次/日，室性期前收缩。先用盐酸美西律治疗，效果不明显而改用普罗帕酮，期前收缩减少，但控制不理想。原有高血压病史。冬天血压增高，服硝苯地平、罗布麻片（夏天不服药），血压能维持在正常范围。诊查：感冒后出现期前收缩，疲劳后增多，登高后胸闷、气短，起病已3个月，舌质红，苔薄，脉细而有歇止。

西医诊断：心律失常（心肌炎，冠心病）。

中医诊断：心痹（气阴不足，心脉痹阻）。

辨证：素体气阴不足，外邪侵袭，内犯于心，心脉痹阻，气血运行不畅，致脉结代；心气不足，心虚邪伏，而气短。

中医治则：益气养阴，合清疏活血并施。

处方：太子参30g，麦冬15g，五味子6g，野菊花9g，苏梗（后下）12g，佩兰9g，羌活9g，广郁金12g，银花20g，炒白芍12g，丹参30g，川芎12g，炒枳壳12g。10剂。

二诊：1992年4月5日。服前药后，期前收缩已减少，胸闷气短亦有改善。外感后余邪趋清。上方去野菊花、佩兰、羌活、郁金、银花，加石菖蒲9g，炙甘草6g，制远志6g，青龙齿30g，炒枣仁12g。14剂。

三诊：1992年4月20日。近又有咽痛、口干，舌质红，苔薄白，脉细，脉律整。复查动态心电图示，24小时有700次期前收缩。服用普罗帕酮减少至100mg/d。

处方：太子参30g，麦冬15g，五味子6g，甘草6g，石菖蒲9g，炒枣仁12g，郁金12g，银花20g，野荞麦根30g，枳壳12g，川芎12g，青龙齿30g，炒陈皮9g，丹参30g。7剂。

按 本例气阴不足而夹外感，外邪内犯于心，痹阻血脉使心脉运行不畅致脉结代、胸闷气短。杨老与浙江医院金宏义教授会诊时均认为患者以往无冠心病史，血压不是很高。此次发病是外感后引起心律失常，考虑心肌炎的可能性较大。杨氏用药亦以益气养阴合清解治之。同为心律失常，冠心病心律失常与病毒性心肌炎所致的心律失常，中医的治疗方法不同。此例在清解透邪兼顾益气养阴的治疗下，病情逐渐稳定好转。反过来证实了外邪对心脏

的影响，邪清则正安。

医案9 邓某，女，30岁，1991年12月24日初诊。主诉：反复心悸、胸闷7月余。

病史：因反复心悸、胸闷7月余，加重10天，而于1991年10月15日住院，共住40天。住院期间检查：心率为76次/分，心律不齐，心尖区可闻及2级收缩期杂音。心电图示Ⅱ度房室传导阻滞（文氏型）。抗"O"正常。B超示：心肌炎。曾用双嘧达莫、肌苷、ATP、FDP、丹参针、生脉针、地奥心血康、奥昔非君；中药益气养心安神法，有炙甘草汤、黄芪生脉饮、安神糖浆等治疗。出院时复查心电图示：Ⅰ度房室传导阻滞，低电压倾向。24小时动态心电图示：夜间尚有Ⅱ度房室传导阻滞（文氏型）。出院时心率为72次/分，心律齐。出院后继服益气活血中药，但仍感心悸胸闷，请杨氏诊治。诊查：目前仍有心律不齐，白天轻、夜间重，心悸心慌，记忆力减退，神倦乏力，梦纷易惊，口苦涩，舌少馨味，大便干结，舌质淡紫，舌苔黄，根腻，脉细涩。

西医诊断：心肌炎。

中医诊断：胸痹（痰浊壅阻）。

辨证：痰浊壅阻，痹于血脉；湿蕴化热，内扰心神。

中医治则：宽胸化浊，活血宁神。

处方：瓜蒌皮12g，薤白9g，藿苏梗各9g，石菖蒲9g，厚朴12g，川连3g，蒲公英30g，丹参30g，郁金12g，川芎12g，妙枣仁12g，夜交藤30g。5剂。

二诊：1991年12月30日。心悸胸闷，寐况均有好转，胃纳略增，口味仍苦涩，苔微黄而腻，脉细涩。前意续进，上方去藿香、川连、蒲公英、枣仁，加佩兰9g，神曲12g，炒陈皮9g。7剂。

三诊：1992年1月6日。心悸胸闷轻，纳食时好时差，口味发涩，苔黄，脉细。原法出入。

处方：瓜蒌皮9g，薤白9g，佩兰12g，川厚朴12g，积壳12g，葛根18g，丹参30g，郁金12g，川连2g，炒枣仁12g，神曲12g，夜交藤30g。7剂。

药后诸症改善，苔净，纳增而停药。

按 本例心肌炎，前均用补养之味，然苔腻、脉涩、心悸胸闷，应予化痰浊、理气机、行血脉、祛瘀滞，使痰浊化，气机条畅，血脉和，运行正

浙江中医临床名家·杨继荪

常，诸恙即迎刃而解。

医案10 张某，男，63岁，1992年5月24日初诊。主诉：心前区反复缩窄性疼痛10余年，再发11天。

病史：患者十余年前曾有心前区胸骨后缘缩窄样疼痛，伴胸闷、心悸，发作时1～2秒，服速效救心丸、硝酸甘油片可以缓解。曾住院，诊断为冠心病，稳定型心绞痛，高血压Ⅲ期（血压最高达200/100mmHg），2型糖尿病［血糖15.7mmol/L、尿糖（+++）］。用硝酸异山利酯、硝苯地平、尼莫地平、格列本脲等治疗。但自去年起心绞痛发作频繁，多则每天发作十余次。11天前再发而入院继续治疗。入院检查：心电图正常，眼底动脉硬化Ⅱ度，总胆固醇为4.58mmol/L，三酰甘油为4.0mmol/L。血糖为9.5mmol/L，血压为135/80mmHg。给予糖尿病饮食，西药用硝酸异山梨酯、格列本脲片、益多酯、酚氟拉明、脑活素、参麦针。适逢杨老查房，即请其予中医中药结合调治。

诊查：心悸胸闷时作，心膺痛，口干，时有头晕、头昏，形体略胖，面色不华，尿多症状尚不明显，舌淡红，苔薄白，脉细涩。目前血压为135/80mmHg，血糖为5.1mmol/L，血总胆固醇为3.95mmol/L，三酰甘油为1.4mmol/L，糖化血红蛋白为5.4%。

西医诊断：冠心病，不稳定型心绞痛，心功能Ⅱ度；高血压病Ⅱ期；2型糖尿病；颈椎病，椎基底动脉供血不足。

中医诊断：心膺痛（心肾两虚，气滞血瘀）；眩晕（气虚血瘀）；消渴（肾虚夹瘀）。

辨证：心气不足，面色不华；心失所养，心悸胸闷，甚则心膺作痛。进入老年，五脏皆趋衰弱，心病及肾，心肾两虚；气虚无力推动血液致气滞血瘀。

中医治则：益心气补肾阳，活血行滞。

处方：炙黄芪18g，党参15g，炒杜仲30g，丹参30g，赤芍9g，郁金12g，降香9g，枳壳9g，厚朴12g，川芎12g，葛根30g，石菖蒲9g。7剂。

二诊：1992年5月28日。心绞痛未发，血压欠稳定，时高时低，身倦乏力，口干，舌质淡红、苔薄腻，脉细弦。上方去降香、厚朴、石菖蒲，加麦冬15g，五味子6g，制黄精15g，黄芪、党参各改为30g。7剂。

三诊：前方加减服用1个月。糖尿病、高血压病均稳定在正常范围，冠心病心绞痛未发，无心悸、胸闷，大便如常。

处方：黄芪30g，党参30g，丹参30g，炒当归12g，决明子30g，制黄精30g，川芎12g，石菖蒲9g，枸杞子12g，炒陈皮9g，生楂肉15g，葛根30g。7剂。

四诊：1992年7月2日。病情稳定，上方续进。

按 本例冠心病心绞痛（不稳定型）、高血压病Ⅱ期、2型糖尿病，具有老年人多病之特点。杨老根据病人久病多虚多瘀的临床征象，结合脏腑辨证，予益心气、补肾阳、理气血、行瘀滞。数诊皆从本图治，病情稳定。

第三节 肝系病证，疏肝理气

一、肝硬化的治疗经验

（一）病因病机

现代医学认为肝硬化是一种由不同原因引起的慢性进行性肝病。早期可出现腹胀、纳呆等较轻的消化道症状，晚期则出现黄疸、腹水、腹壁静脉曲张、肝功能减退和门静脉高压证的各种表现，甚至可有多系统受累的临床表现，并最终危及生命。

肝硬化晚期产生腹水，中医学将之归属于"臌胀"范畴，以"腹大如鼓，皮色苍黄，腹部青筋显露"为特征，因腹部膨胀如鼓而命名。臌胀有"气臌""血臌""水臌"和"虫臌"之别。杨老认为，以上四臌，气、血、水三者往往互为因果，很难单独加以区别。臌胀非病起于骤，而是逐步形成的。一般而言，臌胀早期，偏重于气与血，臌胀后期则由气滞、血瘀而致水聚，导致肝脾大，日久引起肝硬化腹水。

古代中医学文献中对臌胀的描述比现代医学对肝硬化腹水症状的描述显得更生动形象。《灵枢·水胀》载："腹胀身皆大，大与肤胀等也，色苍黄，腹筋起，此其候也。""心腹满，旦食则不能暮食，名曰臌胀。"杨老认为该论述，主要指出臌胀临床常见的主证。其中"色苍黄，腹筋起"，说明臌胀可以出现黄疸，腹部可以有青筋显露，这与"水肿"是完全不同的。水肿以面浮肢肿为主，浮肿、腹水、腹胀程度较臌胀为轻，同时无黄疸、青筋显露等证候。《医门法律》曰："凡有癥瘕积聚痞块，即是胀病之根。"又云："面色萎黄，有蟹纹露……将来血蛊之候也。"此说主要指出肝脾肿大是肝硬化腹水形成主因，如出现蜘蛛痣是肝硬化早期诊断依据之一。

《张氏医通》云："蓄水成胀，腹上青紫筋见，或见有红缕、赤痕、小水利、大便黑。"是指腹壁静脉曲张，毛细血管扩张及并发上消化道出血。《丹溪心法》云："胀大，色黑而腹大。"主要指肝硬化腹水后期所出现的恶病质外貌。据上所述，说明古人对肝硬化（腹水）病因病机、临床证候等已有所认识。

杨老认为肝硬化在中医学归属于"胁痛""积聚""臌胀"等范畴。古代医学多有阐述，《金匮翼·积聚统论》说："凡忧思郁怒，久不得解者，多成此疾"，情志抑郁，肝气不舒，气机阻滞，血行不畅，气血瘀滞日久而成积。《景岳全书·论积垢》说："饮食之滞，留蓄于中，或结聚成块，或胀满硬痛，不化不行，有所阻隔者，乃为之积"，饮食不节，损伤脾胃，脾失健运，不能输布水谷精微，湿浊凝聚成痰，痰阻气机，血行不畅，脉络蕴塞，痰气血搏结而发为本病。《张氏医通·积聚》云："按积之成也，正气不足，而后邪气踞之"。而肝硬化失代偿期产生腹水，根据其"腹大胀满，绷急如鼓，皮色苍黄，脉络暴露"的特征而证属"臌胀"。《素问·阴阳应象大论》认为"浊气在上"，《诸病源候论·水蛊候》中说："此由水毒气结聚于内，令腹渐大"，《景岳全书·肿胀》云："少年纵酒无节，多成水臌"，又说："凡七情、劳倦、饮食、房闱，一有过伤，皆能戕贼脏气，以致脾土受亏，转输失职，正气不行，清浊相混，乃成此证"，《格致余论·臌胀论》曰："今也七情内伤、六淫外侵，饮食不节，房劳致虚，脾土之阴受伤，转输之官失职，胃虽受谷不能运化，故阳自升阴自降，而成天地不交之否。于斯时也，清浊相混，隧道蕴塞，气化浊血疲郁而为热。热留而久，气化成湿，湿热相生，遂成胀满"。杨老认为本病多因情志所伤，酒食不节，疫毒虫扰等伤及肝脾，肝脾俱病，肝气郁滞，血气凝聚，隧道蕴塞，而肝脾血瘀，脾运化失职，不能输布精微，奉养他脏，日久及肾，终至肝、脾、肾三脏功能失调，气、血、水蕴结腹中而成臌胀。

（二）辨证施治

关于肝硬化、腹水的辨证分型，众医家各抒己见，颇不一致，有以气血分，有按寒热、虚实分，等等，但臌胀相似于肝硬化腹水的认识多数是一致的。杨老根据长期临床经验，主张按"肝硬化早期"和"肝硬化晚期"进行辨治。他认为这样分型较为简易明了。看起来似乎缺乏辨证，但可在治疗中根据临床证候随症加减，以弥补辨证之缺。

1. 肝硬化早期

证候：脘胁胀痛不舒，纳少，神倦乏力，舌淡；苔薄白，或薄黄；脉弦滑。亦可见胸腹面有"红缕""赤痕"，并伴有肝脾肿大。经生化检查及B超或CT确诊。本证属中医"胁痛""癥聚"的范畴。

辨析：多因情志郁结，或饮酒过多，或感染虫毒，或黄疸、积聚等伤及肝脾，使肝脾失调、气血郁滞所致。

治则：疏肝理气，活血行瘀。

常用方：柴胡、郁金、枳壳、当归、丹参、赤芍、延胡索、马鞭草、失笑散、龙骨、牡蛎、降香、绿萼梅、生山楂、鳖甲。

早期偏重于气与血，乃因"肝脾失调，气血郁滞"，症见胸胁胀痛不舒、纳少、神疲乏力、舌淡苔薄白，或薄黄、脉弦滑。亦可见胸腹面有"红缕""赤痕"，并伴有肝脾大。杨老认为，中医对肝的生理认识可概括为"其体为血，其用为气""宜条达，忌抑郁"。而肝硬化的病因病机，则是"肝脾失调、气血郁滞"。故以疏肝理气、活血行瘀作为治疗肝硬化的常法。常用方：柴胡、郁金、枳壳、当归、丹参、赤芍、延胡索、马鞭草、失笑散、龙骨、牡蛎、降香、绿萼梅、生山楂、鳖甲等。旨在通过治疗，达到散郁化滞、行气活血之效，使肝得疏泄、脾得健运。虽然肝硬化是病久迁延而成，本脏已虚，但早期邪实滞留正气尚存，属虚中夹实之偏于实者，故权衡用药时宜祛邪为主，根据需要可酌予清补之品。切忌用滋腻温补而致邪恋滞重，证情加剧。临床可按兼证之别，分类选用下列药物随症加减或配伍组方。

（1）疏肝理气药：柴胡、郁金、紫沉香、香附、绿萼梅、佛手柑、八月札、枳壳。

（2）活血行瘀药：当归、丹参、降香、苏木、红花、赤芍、马鞭草、延胡索、三七粉、失笑散。

（3）散结消坚药：三棱、莪术、生山楂、穿山甲片、鳖甲、鸡内金、瓦楞子、地鳖虫、金匮鳖甲煎丸。

（4）补益气血药：党参、人参、黄芪、当归、甘草、首乌。

（5）滋阴养肝药：选一贯煎加味，如当归、枸杞子、麦冬、生地、首乌、萸肉、川楝子等。阴虚血热加丹皮、茜根。

2. 肝硬化晚期（腹水）

证候：腹部膨隆有腹水，腹壁青筋显露，形体消瘦或面色晦暗，乏力，纳少，食入胀甚，尿量减少；舌边紫黯；脉细弦。胸腹颈面出现"红缕""赤痕"。肝功能多数有严重损害，肝质地偏硬。

辨析：肝硬化早期久治不愈，肝脾失调加重，气滞瘀积，脉络失疏，水湿停聚而出现腹水、乏力、纳少、形瘦。此期病程较长、病情较重，久病由肝及肾、膀胱气化不利，而见尿少、面色晦黯，舌边紫暗、红缕、赤痕蟹爪均为气滞瘀积现象。肝硬化晚期亦属虚中夹实之证。

治则：益气血，养肝肾，疏肝理气，行瘀消水。

方剂：黄芪、当归、郁金、枳壳、生山楂、川楝子、枸杞子、丹参、赤芍、马鞭草、车前草、猪苓、槟榔、鳖甲煎丸。

在选用利水之剂时，可考虑以下药物：京葫芦、地骷髅、半边莲、对坐草、冬葵子、车前草、猪苓、泽泻、马鞭草；泄水药选用较缓和而有消胀作用的药物，如黑牵牛子、白牵牛子、花槟榔、枣儿槟榔、制商陆；逐水之剂较峻烈，可选用十枣丸或舟车丸。上述两方，前者是泄水之猛剂，后者是泄水结合行气，较为缓和。

（三）治疗要点

杨氏强调，在治疗肝硬化腹水用药时宜注意以下几点。

（1）虚中夹实证用泄水峻剂要考虑结合扶正，单纯泄水应慎防虚脱。有时可先服参汤，后服泄水剂，或补与泻同时并进。

（2）在利水、泄水时，应参用温运理气、活血行瘀之味，如上官桂、椒目、阳春砂、广木香、紫沉香、益欢散、镇坎散。益欢散行气消胀为主，镇坎散行气利水为主。亦可酌佐具有活血利水之马鞭草、泽兰、益母草等。

（3）在使用活血行瘀药时，因肝硬化不拘早、晚期，均存在"血瘀"，仅程度上不同，且肝为多气多血之脏，理气活血药的使用，对改善肝血液循环颇有好处。单纯用理气消胀药效果不理想。杨老曾经治疗因风湿性心脏病，致肝瘀血而出现腹胀者，先后予多种理气消胀药均无效。后增入泽兰、马鞭草、苏木、红花、莪术、丹参，并酌佐官桂以活血通阳利水，腹胀明显减轻。

（4）肝硬化腹水如夹有热蕴（腹腔感染），宜应用清热药，如黄连、黄芩、败酱草、蒲公英、大黄、红藤等，对消胀、行水有较好的协同作用。

（5）肝硬化腹水、脾功能亢进患者常有鼻衄、齿衄等血证，应酌用行瘀药，增入养阴凉血、止血药，如阿胶、茜根、旱莲草、大蓟、大生地、鳖

甲等。如消化道出血出现呕血、便血者，可选用白及粉、三七粉、云南白药，甚至用别直参浓煎100～150ml泡大黄80ml和匀服用，予扶正、止血、清热三者并顾。

（6）若有肝昏迷前期症状出现，应先发制人，用西牛黄0.3g，一次吞服，每日2次。至宝丹或安宫牛黄丸均可选用。

从预后来讲，肝硬化腹水患者，治疗效果有"阳虚易治，阴虚难疗"现象。主要是利水（泄水）与温运理气、活血行瘀合施，能使"气行水行""血行水利"。而对阴虚有出血倾向或出血患者，由于温运药与活血行瘀药的运用受到限制，故利水功效不理想，预后亦较差。

二、脂肪肝的治疗经验

（一）病因病机

脂肪肝是一个常见的临床现象，主要表现为肝细胞内的脂肪堆积。脂肪肝的形成，可以有多种原因，但绝大多数是三酰甘油（TG）的堆积所致。故脂肪肝的发生机理，基本上是因TG的合成和分泌两者之间不平衡所引起。由于脂肪肝在临床上是以肝大为最常见的症状，一般可归属中医学的"积证"范畴。脂肪肝的诊断，其确切的依据是肝活体组织检查，而目前临床上多以B超和CT结合临床做出诊断。对于一些复杂病例，有时需借助同位素扫描，以弥补诊断上的困难。脂肪肝的临床表现，因其与肝脂肪浸润的程度成正比，当肝内过多脂肪被移除后可减轻或缓解甚至消除症状，所以绝大多数的脂肪肝都预后良好，但极个别脂肪肝病人可因肝细胞内堆积有脂肪过多，融合成脂肪囊肿，囊肿破裂以致肺栓塞而猝死。因此，去除致病因素，积极调治，仍很有必要。

历代医家皆十分重视对病因病机的探求。现今认为脂肪肝的发病多归因于为饮酒无度、嗜食肥甘厚味、久坐久卧、情志失调、感受湿热疫毒、疫气、食积气滞、久病体虚等。从病机上来看，中医学认为：肝主血，素有"血之府库"之称，唐代王冰也曾提到"人静则血归于肝脏"，静息时大量血液皆聚集于肝。肝主疏泄，包含了肝升、动、散的生理特点，概括了肝与气血津液、脾胃运化、情志等之间正常的生理作用及影响。而酗酒暴食，导致脾气受损，失于运化，清不能升，浊不能降，水谷失于运化，湿热盘聚中焦；或久病、外感等导致正气不足或受损，肝、脾、肾亏虚，肝疏受损，瘀血阻络，痰湿内留；又或压力过大，情志过激，内伤脏腑，肝气郁结，气机逆乱，津失输布，气血失调，脉络不通，血运受阻等。最终都能产生瘀、痰、湿等邪气，而进一步影响于肝。

《素问·至真要大论》曾云："必伏其所主，而先其所因"。医疾不明因，似盲人探路，疾病之罹患，必有根本。患者的生活环境、起居习惯等，都可能潜藏着导致疾病的重要因素。临床上，面对繁杂诸症，唯有详询病史，综合分析，方能揭示出疾病总的根源，这就是杨老一直提倡的治病"明本求因"的关键之所在。脂肪肝的病因除去遗传性、家族性的因素外，肥胖、糖尿病、皮质激素及药物、毒物损伤也是病因中不属少见的原因。然最常见的病因是饮食与营养。祖国医学，由于饮酒过度或嗜食肥甘厚味，酒食内伤，滋生痰浊；因湿浊内停、痰浊阻滞，形成气机郁滞，血脉瘀阻，致气、血、痰浊互相搏结、聚滞为积。另外，引起脂肪肝的重要原因还有缺乏蛋白质。祖国医学在这方面则早有关于营养缺乏、以虚为表象的述论。如《景岳全书·积聚》谓："凡脾肾不足及虚弱失调之人，多有积聚之病。"《活法机要》说："壮人无积，虚人则有之。"这种论述则说明正虚之人，功能减弱，易于留滞。肝代谢功能失调之人，脂蛋白分泌相对下降，或某些蛋白质合成受阻，不能形成载脂蛋白，可导致TG积存而成为脂肪肝。

脂肪肝的病理特点，与其他肝胆病一样，也以"湿""热""滞""瘀"为纲。因"滞""瘀"为积，形成脂肪肝。其病理变化在于痰结、气滞、血瘀。从临床征象归类分析看，似属"痰浊壅阻"与"瘀血阻滞"为多，尤以"痰瘀交阻"最常见，或有湿蕴化热、久病脾虚，或以滞瘀并见，或以阴虚挟瘀。因脂肪肝与肝脾两脏的关系最为密切，其虚证表现则为脾气虚和肝阴不足。然脂肪肝毕竟是以实为主，故其积滞之实亦相随而贯穿于病机始终。

（二）辨证施治

脂肪肝轻者可无明显症状，重者尚可因并发症而危及生命，临床表现不一，然病本则同。其皆以滞瘀为主，且所幸后者仅属少见，但应以防为治。根据脂肪肝在临床上是以"痰瘀交阻"为多见的状况，拟定了治积滞基本方，以其为核心，随症加减。其旨在抑制体内TG合成，清泄已瘀滞之积，促进血流畅通。

1. 痰瘀交阻

伴见证候：右胁腹胀而满，右胁腹肝肿尚软，面色偏暗、舌质淡、苔白腻浊、舌下可见瘀筋、脉弦而滑。

治法：化浊行瘀、消积疏肝。

基本方：炒莱菔子12g，姜半夏9g，王不留行12g，莪术15g，虎杖根30g，决明子30g，生山楂15g，川朴12g，炒枳壳12g，泽泻30g，丹参30g，生麦芽15g。

2. 痰浊偏重

（1）脾胃积热、挟有瘀滞。

伴见证候：右胁腹胀满、肝触之质软，可伴胸闷、脘胀、身热不扬、口内出气臭秽，舌质红、苔黄厚腻、脉弦而滑数。

治法：清化湿热、行瘀消积。

方药：基本方去虎杖根、决明子、丹参。选加黄连、黄芩、蒲公英、连翘、藿香、佩兰、苍术、白蔻仁、葛花、全瓜蒌之类。

（2）脾虚湿胜、虚瘀兼夹。

伴见证候：右胁腹痞满、肝扪之柔软，身重体倦、舌质淡红、苔白腻、舌下有瘀筋、脉弦细。

治法：健脾燥湿、行气活血。

方药：基本方去虎杖根、决明子、丹参。选加炒米仁、茯苓、炒扁豆衣、怀山药、砂仁、苍术、佩兰之属。

3. 瘀滞偏重

（1）肝郁气滞、血脉瘀阻。

伴见证候：右胁腹胀滞而痛、肝触之可有压痛、面色暗褐、舌质或暗或边有瘀点，舌下瘀筋显露、脉象弦劲或弦而坚涩。

治法：理气行滞、消瘀散结。

方药：基本方去姜半夏、莱菔子、泽泻。选加川芎、木香、青皮、大腹皮、三棱、桃仁、制延胡索、失笑散之辈。

（2）肝阴不足、虚瘀并现。

伴见证候：右胁腹隐约作痛，肝扪之疼痛。面色暗滞，或见心烦、低热、舌质红、苔少津、舌下瘀筋明显、脉象细弦略数。

治法：养肝清热、活血消滞。

方药：基本方去莱菔子、半夏、川朴、泽泻。选加赤芍、郁金、牡蛎、当归、丹皮、制首乌、延胡索、白芍之味。

（三）治疗方法

目前报道治疗脂肪肝的方法很多。现代医学治疗非酒精性单纯性脂肪肝多采用控制体重、胰岛素增敏剂、降血脂药、减肥药、肝细胞保护剂和抗氧化剂等方法。例如，降血脂药物，辛伐他丁可显著改善酒精性脂肪肝的肝功能及血脂异常。但降血脂药物也有着一定的局限性。如许多降血脂药物本身可引起肝损伤，有些降脂药虽然能降低外周血脂水平，却不能较好地清除肝脏的脂肪沉积，降低肝脂水平，实现有效的脂肪肝的治疗。

杨老认为"实脾"当为治疗肝病的首要大法，但现今国内沿海发达地区饮食、压力及情志因素远较古人或其他地区为过，远超过脾之正常生理能力，导致脾失健运，之后邪聚愈重，但使脾复健，望能补脾而祛"痰、脂、郁"积，则难矣，反有助邪之嫌。故在治疗上用"实脾"之法时，多采用"寓泻于补"。正如《素问·至真要大论》所言："客者除之，劳者温之，结者散之，留者攻之，逸者行之"，去菀陈莝，消五积于无形，则肝、脾、肾向愈。杨老在其"活血理气"的基础上，采用祛瘀化浊、消导行滞、疏理解郁之法治疗脂肪肝。

1. 化浊之法

化浊的关键在于祛痰。遇"痰积"轻者可用藿香、佩兰、苍术、白豆蔻、葛花、瓜蒌、半夏、生姜、茯苓、陈皮、胆南星之类。重症者可用三子养亲汤合鳖甲煎丸加减，药用莱菔子、苏子、鳖甲、大黄、干姜、厚朴、黄芩等。此外杨氏指出祛痰还应关注现代解剖上的"胰腺"。胰分泌消化酶，助消化吸收，当属脾。《丹溪治法心要·中风》曾云："肥白人多痰湿"，肥胖者痰湿体质的发生率高达98.93%，而胰岛素抵抗及继发的代偿性胰岛素分泌增多，对机体可产生一系列不良影响和病理改变，又可促成肥胖的发生。并且现代医学研究还表明脂肪肝的发生与胰岛素抵抗密切相关。然临床对于胰腺的用药除上述之外还体现在"导滞"之中。

2. 消导之法

现代解剖认为胰腺同胆道的开口都在于十二指肠，胆与肝相连，肝胆互为表里。而胆属六腑，以通为用，"食"积日久，腑气不畅，胆汁在胆囊内储留时间过长，不但会引起肝疏泄失职，还会影响胰腺的功能。故在祛痰、

导滞等治疗时多采用消导之法，在脂肪肝的治疗上也具有重要地位。通腑亦利胆，胆通则胰畅，可以化积清热，推陈致新，净化体内环境，从而有利于肝、胆、胰各司其职。治疗上可用保和丸以消食和胃，药用神曲、山楂、茯苓、半夏、陈皮、虎杖根、决明子、炒莱菔子、王不留行以通腑。食积重症者用枳实导滞丸以消导化积除痞，可选择枳实、大黄、神曲、黄芩、黄连、泽泻等药物。现代研究认为的酒精性肝病患者内毒素血症发病率增高，甚至导致急性或亚急性的肝功能衰竭等，均表明了消导行滞法的重要性。

3. 祛瘀之法

肝为多气多血之脏，而"瘀积"则在脂肪肝的初期就已存在，仅程度上较后期轻而已。活血行瘀药的使用，不仅对改善肝血液循环颇有好处，且有能助理气解郁消胀之功。临床可适当加用当归、川芎、桃仁、丹皮、赤芍、延胡索、香附、红花、木香、大腹皮、三棱、失笑散等药物。但脂肪肝的后期演变为肝纤维化、肝硬化、脾大遇阴虚有出血倾向或有出血患者，应酌情使用行瘀药，但常预后不佳。

4. 疏肝解郁之法

情志因素及五积的相互影响均可导致气积的发生，气积者以疏为要。且脂肪肝的治愈并非朝夕可待，往往需数月乃至数年坚持不懈的努力，因此也容易造成患者不同程度的心理障碍。现代研究也表明肝病患者存在不同程度的抑郁情绪，并影响着患者的康复与预后。这就需要医者在用药的同时注重给患者更多的心理慰藉，不仅能使肝气条达，还能减少药物的用量。临床可以越鞠丸、柴胡疏肝散为其代表方，选用香附、川芎、柴胡、陈皮、枳壳等药物治疗。遇"气积"较重则可加川芎、木香、青皮、大腹皮等。

祛瘀化浊、消导行滞、疏肝解郁诸法相辅相成。故在治疗上常选用炒莱菔子、王不留行、厚朴、炒枳壳、郁金各12g，莪术、生山楂、生麦芽各15g，虎杖、决明子、泽泻、丹参、过路黄各30g，姜半夏、白蔻仁各9g为基础方。方中莪术苦泻辛散温通，使宿血得破，新血得生，并能消积解滞在方中为君药。炒莱菔子、生山楂、生麦芽用下气祛痰、消食导滞共为臣药；佐以川朴、枳壳、郁金行气解郁，化痰除满，以疏导五积之邪，虎杖根、决明子、泽泻、过路黄清利肝中湿热并予邪出路。结合南方湿重的特点，加以白蔻仁化湿祛痰。现代药理研究也表明大量的中药具有降脂作用，如方中莪术可显著降低TC、TG水平，有清除肝内堆积的三酰甘油，调节和改善自由基代谢平衡,抵御肝细胞的氧应激和过氧化的作用。决明子抑制脂质的吸收,可通过促进肠道蠕动,阻止脂质沉积滞留以减少吸收。虎杖对过氧化脂质具有清除作用,对肝细胞有保护作用。山楂不同提取部分对不同动物造成的各种高脂模型均有较肯定的降脂作用。诸药合用,共行开郁、活血、祛痰、导滞、消脂之功,标本同治,使肝气得以条达,诸邪无滋生之地,肝络无瘀滞之患,临床用之,确能迅速改善脂肪肝患者的临床症状,疗效满意。但在中药治疗脂肪肝的初期,病情会有一次比较明显的波动,脂肪肝的会有加重的表现,这并不是疾病的加重,而是治疗起效的体现。

当然疾病后期五邪严重影响气血津液的运行,也可以出现本虚标实的情况。脾虚湿盛、虚瘀兼夹者,如遇脘胀、身热不扬、口气臭秽、舌红苔黄厚腻、脉滑数。可以基本方上酌情加大豆卷、佩兰、黄连之类;遇肝阴不足、虚瘀并见者,如面色暗滞、右肋腹部隐隐作痛、舌红、舌下瘀筋明显、苔少津、脉细弦略数。可以基本方去莱菔子、半夏、厚朴选加赤芍、牡丹皮、延胡索等。但选药时亦不应轻易用壅补、骤补之剂,盖因脂肪肝患者瘀阻重于体虚,以免邪恋滞重,证情加剧。在治疗上当根据患者的具体情况灵活变化用药,又如遇口苦则当清利肝胆,方可加温胆汤,选药可用黄连、黄芩、川芎、陈皮等药物。遇酗酒者,在戒酒、饮食调节的同时,可以在基本方中加入葛花、葛根、黄芩等解酒护肝药物。遇血糖增高者则可在基础方中加入葛根、花粉、玉竹、怀山药、黄连、玉米须等。

重症脂肪肝的药物加减运用:脂肪肝偶有出现急腹症样表现、因肝包膜受伸胀,肝韧带被牵拉,脂肪囊肿的破裂和发炎等,出现肝区疼痛严重、反跳痛、发热、白细胞计数增加,实验室检查有胆汁流出受阻、直接胆红素增高,血磷增高和高胆固醇血症;少数因红细胞存活期缩短、出现大细胞性溶血性贫血,间接胆红素增高;个别因腹水和水肿致血清电解质改变,见低钠和低钾血症。对重症脂肪肝除以抗炎、纠正电解质紊乱等对症处理以外,中药治疗仍可在前辨证以基本方为主的基础上,根据所伴证候作必要增损。就如胆道阻塞,当肝内脂肪移除后,胆囊造影即显示正常,说明根本性问题还在于去除多余积滞的脂肪。这里源于基本方上的对症加减可起顺水推舟的作用。如出现黄疸者加茵陈、焦山栀、岩柏、马蹄金等;热势高加败酱草、连翘、半枝莲、石见穿等;腹水出现可加马鞭草、平地木、水红花子、益欢散;下肢水肿加车前子、益母草、过路黄、填坎散等。其腹水和水肿出现的药物运用基本上与肝硬化腹水处理相似。运用得法,利于病情转化。

脂肪肝是肝脏代谢性疾病，需与其他的肝脏病变相鉴别。如脂肪肝与肝炎后肝硬化、肝脏肿瘤等的区别。就其病因，前者多为饮食因素发病（除外遗传、药物、妊娠等特殊因素）。后者可因感受外邪、情志因素、饮食劳累等多种因素起病；在病理特点上，虽皆与"湿""热""滞""瘀"有关，但前者实多虚少。后者始则以实为主，继则虚实相兼，甚则可虚极兼实；在临床证候上，前者面色初起红润，渐而暗滞，但以暗褐色为多，形体偏于肥胖，脉象以弦滑带涩为主。后者面色初起即姜黄，渐而暗滞，却以灰暗带青色为多，形体偏于消瘦，脉象以弦细紧涩为主。在预后方面，前者只要去除致病因素，适当调治，可较快好转痊愈，当然，其恢复正常所需时间的长短，视肝脂肪浸润的程度而异。但后者的预后一般较差，几乎与前者不能同日而语。

治疗脂肪肝应全面了解患者的饮食状况。因亚非拉美热带地区的儿童，由于缺乏蛋白质和维生素所引起的儿童重症营养缺乏病，就是以体重减低和脂肪肝为突出表现。并见有皮肤色素减退及蛋白质缺乏性水肿。其因蛋白质和热量的不足，致使儿童呈进行性消瘦，这与以上所述脂肪肝以偏于肥胖多见的说法不一，主要是两类脂肪肝患者，在社会因素、饮食条件，以及反映于年龄、地区上的差异，故表现症状亦各不相似。此类病人，只要给予足量的蛋白质饮食就能有效地去除肝内积存的脂肪。而我国目前多见的成人脂肪肝与之则截然不同。脂肪肝，不足者有之，有余者更有之。前述的辨治用药皆以后者为指。特予强调。另对于因脂肪堆积合并饮食中维生素缺乏导致出现如舌炎、口角炎、皮肤瘀斑、角化过度和周围神经炎等症状的，可在去除肝内脂肪的同时，补充维生素。当前我国的成人脂肪肝，仍以去实为先，即使对虚瘀夹杂之人，亦不能轻易就用壅补、骤补，意为实多虚少、虑其瘀滞甚于虚损，而勿犯实实之戒矣。

三、肝系病证案例

医案1 施某，女，75岁，因"腹胀、纳差2周"于1992年3月13日就诊。

患者神疲，乏力，可见肝掌，腹部膨隆，移动性浊音（＋），双下肢膝关节以下至踝关节以上凹陷性水肿，舌质暗苔白腻，脉弦。B超示：肝硬化，胆囊壁水肿，脾肿大，腹腔积液。血生化：TB为40.4μmol/L，DB为

15.7μmol/L，IB为24.7μmol/L，TP为57.7g/L，ALB为33.2g/L。

西医诊断：肝硬化失代偿期。

中医诊断：臌胀。

证属脾虚瘀结水留，治以活血化瘀、健脾利水。

处方：过路黄30g，大腹皮15g，王不留行12g，虎杖根30g，茯苓皮30g，败酱草15g，郁金12g，川朴12g，马鞭草15g，猪苓30g，鸡内金9g，小青皮9g，茜草15g，炒米仁30g，并予以保肝、利尿药物。

半个月后患者腹胀明显好转，纳可，腹部较平坦，双下肢未见水肿，复查B超，示肝硬化、胆囊炎、脾大、腹盆腔未见明显积液。生化示：TB为14μmol/L，DB为7.3μmol/L，IB为6.7μmol/L，TP为54g/L，ALB为33g/L。病情明显好转。

按 本例属"肝硬化晚期"，正虚邪盛，患者就诊时大量腹水，腹部膨胀如鼓，急则治其标，予利水除胀之品以图缓急，待腹水消减之后，再调理肝脾，疏肝健脾，活血利水，培补正气。杨老强调，在治疗肝硬化腹水时用药应注意：①虚中夹实证用泄水峻剂要考虑结合扶正，单纯泄水应慎防虚脱。②在利水时，应参用温运理气、活血行瘀之品，如官桂、椒目、阳春砂、广木香等，亦可酌佐具有活血利水之马鞭草、泽兰、益母草等。③在使用活血行瘀药时，因肝硬化不拘早、晚期，均存在"血瘀"，且肝为多气多血之脏，理气活血药物使用，有助于改善肝血液循环。臌胀后期，肝、脾、肾受损，水湿瘀热互结，正虚邪盛，危机四伏，若药食不当或复感外邪，可见出血、昏迷、虚脱等变证。④肝硬化腹水夹有热蕴，宜酌加清热药，如黄连、黄芩、败酱草、蒲公英、大黄、红藤等。⑤肝硬化腹水、脾功能亢进者常牙龈出血等，应酌加行瘀药，增养阴凉血、止血药，如阿胶、茜草、旱莲草、大蓟、生地、鳖甲等。如出现大量呕血、便血者，可选用白及粉、三七粉、云南白药等，甚至浓煎别直参100～150ml，泡大黄80ml和匀服用，以扶正、止血、清热。⑥若出现肝昏迷前期症状，可选用至宝丹或安宫牛黄丸。从预后来讲，臌胀"阳虚易治，阴虚难调"，阳虚臌胀患者使用温阳利水与活血化瘀药，能使"气行水行""血行水利"，而阴虚臌胀患者，温阳易伤阴，滋阴又助湿，治疗较棘手，临证可佐甘寒淡渗之品，亦可在滋阴药中少佐温化之品。阴虚而有出血倾向或出血患者，由于温运药与化瘀药的运用受到限制，利水效果不理想，预后则较差。

医案2 王某，男，60岁。会诊时间：1992年4月23日。主诉：肝硬化、肝脾肿大、脾功能亢进，行脾切除术后50天。

病史：患者因患乙肝、肝硬化、脾肿大、脾功能亢进行脾切除术后，伴腹胀、乏力、纳差，住院治疗。入院后检查：血小板计数为23×10^9/L，白细胞计数为3.2×10^9/L，血红蛋白为84g/L，黄疸指数8mg/dl，白蛋白2.9g/L、球蛋白2.5g，癌胚抗原6.2ng/ml。B超示：腹水。西药用能量合剂、氨基酸、诺氟沙星，中药用清热疏理、益气养阴药。适逢杨老查房，即请求会诊。诊查：少气乏力，腹大、胀满、纳果，口苦而干，面色萎黄；舌质红，苔黄厚腻而糙；脉弦。

西医诊断：乙肝，肝硬化腹水，脾切除术后。

中医诊断：臌胀（气滞血瘀、湿热内蕴）。

辨证：肝脾不和，气滞作胀，血行不畅，术后气血仍瘀滞不行，故水停湿阻依然。脾虚湿胜，精微无以生化，故面色不华，少气疲怠、舌红苔黄腻、脉弦为湿热内蕴、邪浊壅阻之象。

中医治则：清热化浊，理气活血。

处方：黄连4g，蒲公英30g，厚朴12g，佩兰12g，丹参30g，丝通草6g，炒新会皮9g，炒山楂12g，神曲12g，鸡内金12g，鲜芦根30g，炒谷芽30g。6剂。

二诊：药后苔净，精神好转，脉细。上方去通草、蒲公英、鸡内金、山楂，加鲜石斛30g，生米仁30g，夜交藤30g，淡竹叶12g。7剂。

三诊：药后腹胀减轻，口已不干，尚有嗳气泛酸，大便正常，苔黄腻而厚，脉细弦。

处方：厚朴12g，黄连4g，鸡内金9g，炒枳壳12g，佩兰9g，炒陈皮9g，炒谷芽30g，蒲公英30g，茯苓15g，姜半夏9g，炒米仁30g。7剂。

药后腹胀明显减轻，纳食见增，且有馨味，病情稳定。舌苔黄糙，脉细弦。复查血糖为4.9mmol/L、血红蛋白为84g/L，血小板计数为9.1×10^9/L，血白细胞计数为3.2×10^9/L，血清白蛋白为2.8g，球蛋白计数为2.8g，甲胎蛋白为3.0μg/ml。上方去茯苓、鸡内金、米仁，加煅白螺蛳壳30g、藿香9g，炒杜仲15g善后。

按 患者因乙肝、肝硬化、脾大、脾切除术后，伴有少量腹水。臌胀初起，辨证属气滞血瘀、湿热内蕴。杨老予清热化浊、理气活血治疗，使病情稳定好转，精神转佳，胃纳增而食有馨味。再用健脾益肾调治善后。

医案3 卢某，男，62岁，会诊时间：1992年3月21日。主诉：口渴多饮9年，伴腹胀9个月，两下肢浮肿5个月。

病史：因口渴多饮9年，伴腹胀9个月，双下肢浮肿5个月，于1992年1月16日入院。患者1984年发现多饮多尿，血糖为22.4mmol/L，服格列本脲（剂量不详）后，血糖控制不理想。1989年服格列齐特（达美康），每次2片，每天3次，血糖控制在11.2mmol/L左右。1991年改服格列齐特每次2片，每天1次；降糖舒每次5片，每天3次，血糖控制在6.2mmol/L左右，症状亦有改善。1991年5月因腹胀，行血常规检查，示谷氨酰转肽酶122U/L，乙型肝炎表面抗原（HBsAg）阳性。9月起腹胀逐日加重，双下肢水肿，延伸至膝。至今腹胀近10个月。入院检查：血糖为11mmol/L，肝功能：总蛋白为59g/L，白蛋白为22g/L，球蛋白为37g/L，肌酐为72.5μmol/L，尿素氮为8.10mmol/L，血沉为55～78mm/h。谷草转氨酶为42U/L，血清唾液酸为879.8mg/L。心电图：轻度T波改变。CT检查示：肝硬化，大量腹水。癌胚抗原为5.1mg。住院期间用降血糖、护肝、利尿等西药及中药益气疏理活血利水后，浮肿有所减退，后改五苓散煎服。近日浮肿又起，腹胀明显，请杨老诊治。诊查：腹胀脐凸，形体消瘦，下肢肿至膝，腹围90cm，口苦干；苔微黄，舌质红；脉细弦。

西医诊断：肝硬化腹水（肝硬化失代偿期）；2型糖尿病，糖尿病性肾病？

中医诊断：臌胀（气阴不足，气滞血瘀）；水肿；消渴。

辨证：消渴为患，气阴不足，病久不愈，肝脾两伤；肝病瘀滞，水湿停聚。

中医治则：益气活血，疏运利水。

处方：生黄芪30g，太子参30g，川石斛30g，丹参30g，赤芍12g，马鞭草15g，厚朴12g，炒枳壳9g，广木香9g，猪苓15g，炒楂肉15g，鸡内金9g，车前草30g。5剂。

二诊：服药后，腹胀稍宽。前方去石斛、赤芍、枳壳、车前草，加炒当归9g，炙干蟾皮9g，砂仁（杵、后下）6g，泽泻30g，海金沙（包煎）30g，麦冬10g，猪苓30g。15剂续进。

三诊：腹胀渐宽，尿量趋多，腹围为78cm，久坐下肢则肿，胃纳尚可，但食多腹胀；尿量每天为2200ml，大便日行3～4次。血压为143/75mmHg。谷草转氨酶小于35U/L，硫酸锌浓度5U/L，黄疸指数为6U/L，总蛋白为61g/L，

浙江中医临床名家·杨继荪

白蛋白为30g/L，球蛋白为31g/L，血红蛋白计数为76g/L，血白细胞计数为6.2×10⁹/L，中性粒细胞为0.65，舌质红、口干，脉细弦。拟益气养阴，活血渗利。

处方：鲜芦根（另包）30g，鲜石斛（另包）30g，太子参30g，生黄芪30g，炒当归12g，鳖甲（先煎）18g，马鞭草30g，冬葵子30g，泽泻30g，丹参30g，鸡内金12g，杏仁12g，地骷髅15g，黄连5g，炒山楂18g，炒枳壳12g，海金沙30g。5剂。

四诊：近日又腹胀，纳尚可，大便亦畅，巩膜似有黄染。

处方：厚朴12g，枳壳12g，枣儿槟榔30g，地骷髅15g，丹参30g，炒当归12g，白蔻仁粉（冲）6g，生山楂15g，茵陈30g，海金沙（包煎）30g，香橼皮12g，鸡内金12g，马鞭草18g。5剂。

五诊：药后病情稳定，腹围78cm，胃纳可，大便日行2次，尿量为每天2300ml，黄疸指数为7U/L，总蛋白为72g/L，舌质红，苔薄黄腻，脉细弦。再拟益气扶正、活血渗利之剂巩固。

处方：太子参30g，生黄芪30g，炒当归12g，丹参30g，枸杞12g，马鞭草18g，地骷髅15g，厚朴12g，香橼皮12g，猪苓15g，茯苓15g，广木香9g，生山楂15g，鸡内金9g。7剂。

按 本例肝硬化腹水，属肝脾两伤，气阴不足，气滞血瘀，水湿停聚。连续治疗数月后，谷丙转氨酶转为正常，总蛋白由59g/L上升至72g/L，蛋白比例由倒置转为1∶1，腹围由90cm缩小至78cm，下肢水肿消失。治疗期间，杨氏以益气活血、疏运利水法为主，后加用清热滋阴药，症状进一步得到改善。由于中西医结合密切配合治疗，故能较早地控制症状，取得满意效果。

医案4 喻某，男，41岁，职员，绍兴，门诊时间：1992年10月30日。主诉：乏力、纳差2年余，加重2月余。

现病史：患者2年前起出现乏力、纳差，经B超检查，发现脂肪肝。血脂检查：三酰甘油（2.77mmol/L）及胆固醇（8.93mmol/L）均升高，平时活动极少，营养丰富，2个月来，乏力纳差明显。查：乙肝三系，以及甲、丙、戊、丁肝抗体均阴性，肝功能示GPT为156U/L，为求中药治疗而就诊。无饮酒史。症见：乏力纳差，大便干结，小便黄，面色偏暗，舌红，舌边瘀斑，舌苔黄厚腻，脉涩。

西医诊断：非酒精性脂肪性肝炎。

中医诊断：肝积。

辨证分析：患者平时活动极少，嗜食膏粱，导致气血不畅，气、食、痰、瘀积于肝，兼而化热。舌红，舌边瘀斑，舌苔黄厚腻，脉涩，为五积兼有化热之征象。

中医治则：疏肝清热，消积导滞。

处方：柴胡6g，黄芩15g，制半夏12g，郁金12g，小青皮9g，莱菔子30g，川朴12g，枳壳12g，虎杖30g，过路黄30g，垂盆草30g，荷包草15g，六月雪15g，决明子30g，瓜蒌仁30g，泽泻30g，焦山栀9g。14剂。

医嘱：忌油腻辛辣，适当的活动。

二诊：复查肝功能好转，GPT 75U/L，胃纳好转，大便已通，舌红苔薄黄腻，脉细。瘀热已减，去焦山栀、瓜蒌仁，加米仁30g、茯苓15g以健脾，再予以14剂。

处方：柴胡6g，黄芩15g，制半夏12g，郁金12g，小青皮9g，莱菔子30g，川朴12g，枳壳12g，虎杖30g，过路黄30g，垂盆草30g，荷包草15g，六月雪15g，决明子30g，泽泻30g，米仁30g，茯苓15g。14剂。

三诊：复查肝功能恢复正常，GPT为42U/L，血脂明显下降，病情好转。

按 杨老认为肝为将军之官，主疏泄，主藏血。现代人，生活节奏加快，工作压力增大，大多心情焦虑、压抑，不良的情志刺激，导致肝气郁积，不得疏达；脾主运化，运化水湿，输布水谷精微，食膏粱厚味，损伤脾胃，导致运化失常，饮食不化，或精微物质不能输布，聚为脂质，积于血液或肝中成为脂积。气能化津，当脾失升清，肝失疏泄，食滞、脂质与胃中浊气相结，聚而为痰，积于肝中，形成脂积。采用祛瘀化浊，消导行滞，疏理解郁之法，重在调解气血的运行，兼以清热。本案处方中郁金破瘀消积，行滞解郁，莱菔子、半夏以祛痰、导积、理气，川朴、枳壳理气行气，虎杖、过路黄、泽泻、决明子等活血开郁，通利小便而清除郁热，再加垂盆草、荷包草、柴胡、黄芩、六月雪清热除湿疏肝。

医案5 黄某，男，58岁，杭州人，1992年12月3日就诊。主诉：右胁胀滞疼痛半年。

现病史：患者近半年来无明显诱因下感右胁胀闷疼痛，乏力纳差，口苦尿赤。经血生化全套提示：胆固醇7.3mmol/L，三酰甘油为2.4mmol/L，

低密度脂蛋白为3.8mmol/L，丙氨酸转氨酶为185U/L，天冬氨酸转氨酶为124U/L，总胆红素为45.4mmol/L，直接胆红素为28.6mmol/L。B超及CT示：脂肪肝。甲、丙、戊肝抗体阴性。无长期大量饮酒史。症见：形体偏胖，巩膜轻度黄染，肝肋下触之有压痛，面色晦暗，舌质暗红，有瘀点，苔厚腻，脉弦涩。

西医诊断：非酒精性脂肪肝。

中医诊断：肝积。

辨证分析：气、血、痰、食、脂，积于肝，为脂肪肝，积于血液，为高脂血症。诸邪积滞，肝失疏泄，不通则痛，胆汁外溢，发为黄疸。五积郁热，故口苦尿赤，舌红。舌质，夹瘀点，苔厚腻，脉弦涩为积证之征象。

中医治则：消积导滞，左以清热退黄。

处方：王不留行12g，川芎12g，郁金12g，桃仁9g，延胡索30g，生山楂15g，鸡内金9g，莱菔子30g，泽泻30g，垂盆草30g，茵陈15g，虎杖根30g，小青皮12g，川朴12g 枳壳12g，蒲公英15g，焦山栀12g。14剂，水煎服日1剂。

二诊，右胁疼痛好转，乏力便溏，苔薄白腻，脉弦细。复查血丙氨酸转氨酶为85U/L，胆红素已基本正常。郁热已清，夹有脾虚，故去蒲公英、焦山栀，加茯苓30g，扁豆衣12g，炒米仁30g。

处方：王不留行12g，川芎12g，郁金12g，桃仁9g，延胡索30g，生山楂15g，鸡内金9g，莱菔子30g，泽泻30g，垂盆草30g，茵陈15g，虎杖根30g，小青皮12g，川朴12g，枳壳12g，茯苓30g，扁豆衣12g，炒米仁30g。14剂。

三诊：患者症状基本消失，复查肝功能正常，血脂也较前下降。

按 杨氏认为非酒精性脂肪肝多为气、血、脂、痰、瘀郁于肝，并化郁热，故治疗消积导滞的同时，必须兼清结热。另外，肝病及脾，可夹有脾虚之证，治疗时以消积为主，不忘健脾，消补并用。

医案6 杨某，男，40岁，1994年12月3日就诊。主诉：右胁胀闷伴隐痛3月余。

病史：患者近3个月无明显诱因自觉右胁胀闷伴隐痛，伴肢体轻微瘙痒，纳呆，神疲乏力，眠差，尿微黄，大便偏干。在当地医院予以护肝药及中药利湿退黄后稍缓解，大进一步诊疗而就诊。诊查示：形体偏胖，巩膜黄染，右胁胀满，肝触之质软，伴胸闷、脘胀、身热不扬、口内出气臭秽，舌质红、苔黄厚腻，脉弦而滑数。辅助检查：血生化示胆固醇、三酰甘油、LDL-C均升高。肝酶谱示谷丙转氨酶、谷草转氨酶、总胆红素及直接胆红素均升高。B超及CT示：脂肪肝。肝炎全套未见异常。

西医诊断：脂肪肝性肝炎。

中医诊断：胁痛。

辨证：脾胃积热，夹有瘀滞。

中医治则：祛瘀化浊、消导行滞、疏肝解郁。

处方：炒莱菔子30g，姜半夏12g，王不留行12g，莪术15g，生山楂15g，川厚朴12g，炒枳壳12g，泽泻30g，生麦芽15g，白蔻仁12g，茵陈15g，焦山栀15g，虎杖根30g，郁金12g，垂盆草30g，黄连3g，黄芩15g，蒲公英15g，青皮12g。14剂。

二诊：自诉右胁胀闷及隐痛症状好转，尿色转清，肢体瘙痒缓解，胃纳转佳。血生化示肝酶谱明显好转，总胆红素及直接胆红素指标均下降。诊查示：巩膜未见黄染，偶有心烦、低热，舌质红、苔薄白，脉细弦略数。上方去莱菔子、半夏、川厚朴、泽泻。选加赤芍、当归、丹皮、制首乌、延胡索、白芍之味。

按 本例患者属脂肪肝痰浊偏重，蕴而化热。杨老治以祛瘀化浊、消导行滞、疏肝解郁之法。待二诊时诸证缓解，再诊示浊化热清，虚瘀夹杂，继以活血疏郁养肝之品及调脂积冲剂缓图。脂肪肝轻者可无明显症状，重者尚可因并发症而危及生命，虽临床表现不一，然病本则同，皆以浊瘀为主。根据脂肪肝在临床上是以"痰瘀交阻"为多见的状况，治疗上以泻实为主。予祛痰浊、消积滞，清泄已瘀滞之积。

医案7 赵某，男，59岁，杭州，已婚，个体，就诊时间：1993年11月25日。主诉：发现慢性酒精性肝病5年余。

现病史：患者长期饮酒20余年，5年余前发现慢性酒精性肝病，时有头晕、乏力、口苦，右胁隐痛，多次检查，发现肝功能异常。经住院检查，肝功能：GPT为104U/L，ALT为106U/L；B超：肝脂质沉积。MR：脑萎缩。血氨为97μmmol/L（正常0～50μmmol/L）。乙肝三系，以及甲、丙、戊、丁肝抗体均阴性。住院期间戒酒，但出现酒精戒断后综合征，四肢抽搐。症见：面色灰暗，舌红，苔黄腻，脉弦。

西医诊断：慢性酒精性肝病，酒精戒断后综合征。

中医诊断：胁痛（肝胆湿热，肝风内动）。

辨证分析：患者长期饮酒，导致湿热滞留于肝，肝胆湿热，清阳不升，故头晕、乏力；湿热内蕴，肝失疏泄，不通则痛，故右胁隐痛。湿热内蕴日久，易损肝阴，导致阴不敛阳，肝风内动，出现四肢抽搐，舌红，苔黄腻，脉弦为肝胆湿热之征象。

中医治则：清热化湿息风。

处方：垂盆草30g，金钱草20g，茵陈15g，焦山栀6g，生地6g，姜半夏9g，荷包草15g，川朴12g，枳壳12g，黄连3g，吴茱萸1g，莱菔子15g，葛花9g，玫瑰花9g，决明子15g，刺蒺藜12g，僵蚕9g。7剂。

医嘱：戒酒，饮食清淡，注意休息。

二诊：患者四肢抽搐基本消失，头晕乏力好转，复查肝功能：GPT为44U/L，ALT为40U/L；血氨为37μmmol/L。舌红，苔黄腻较前好转，脉弦。前方减刺蒺藜、僵蚕，加郁金12g。

处方：垂盆草30g，金钱草20g，茵陈15g，焦山栀6g，生地6g，姜半夏9g，荷包草15g，川朴12g，枳壳12g，黄连3g，吴茱萸1g，莱菔子15g，葛花9g，玫瑰花9g，决明子15g，郁金12g。7剂。经治疗后病情好转，出院。

按 患者长期饮酒，导致湿热滞留于肝，肝胆湿热，清阳不升，故头晕、乏力；湿热内蕴，肝失疏泄，不通则痛，故右胁隐痛。湿热内蕴日久，易损肝阴，导致阴不敛阳，肝风内动，出现四肢抽搐。患者虽有肝阴不足、肝风内动之象，但患者又有湿热内蕴，故不能予以滋阴息风治疗，首先应以疏为主，清热利湿为先，佐以息风之品。方中的葛花具有解酒毒的功效，治疗后患者病情明显好转。

医案8 魏某，男，75岁，1990年9月29日初诊。主诉：右胁肋部胀痛不适1年余。

现病史：患者右胁肋部胀痛不适1年余，伴有乏力，纳呆，面色晦暗，形体肥胖，大便偏干，舌质红、苔白浊腻，舌下静脉瘀象明显，脉弦。原有阻塞性黄疸史，B超示：肝均匀性增大，肝回声明显增粗，考虑脂肪肝。血液生化及肝功能检验示：胆固醇为6.75mmol/L，ALT为339U/L，AST为129U/L，LDL为3.9mmol/L，总胆红素为30mmol/L，直接胆红素为15mmol/L。乙肝三系阴性。

西医诊断：脂肪肝。

中医诊断：肝积（脾虚湿盛，痰瘀互结）。

中医辨证：脾虚湿积，痰瘀互结于肝。

中医治则：化浊祛瘀，消导行滞，健脾解郁。

处方：莱菔子30g，泽泻30g，金钱草30g，生山楂30g，决明子30g，瓜蒌仁30g，炒米仁30g，垂盆草30g，川朴12g，枳壳12g，莪术12g，王不留行12g，郁金12g，小青皮12g，茯苓12g，白豆蔻12g，虎杖根15g，绵茵陈15g，广木香9g。14剂，每日1剂，水煎服。

服上药后胀痛得减，效不更方，前方续进3个月，复查血液生化及肝功能示：胆固醇为5.06mmol/L，ALT为41U/L，AST为21U/L，LDL为2.9mmol/L，总胆红素为15mmol/L，直接胆红素为12mmol/L。B超复查示脂肪样变性消失。

按 本例为脂肪肝发展为脂肪性肝炎者，中医辨证属脾虚湿盛，痰瘀兼夹。治以祛瘀化浊，消导行滞，健脾解郁。方中在行气解郁，化食消积的基础上又加入了虎杖根、金钱草、垂盆草、茵陈等清利湿热之品，服药3个月后肝功能趋于正常。杨氏根据临床上痰瘀互阻多见的状况，治以化浊行瘀，消积疏肝。初期治疗上以消导行滞之法为主，常选用山楂、谷芽、炒莱菔子、大黄、枳壳、厚朴、香附、川芎等；形成期多采用疏肝解郁化浊之法，认为化浊关键在于实脾，临床可用白豆蔻、炒米仁、茯苓、胆南星、佩兰之类；加重期以痰、脂、瘀积为主，治疗上认为活血化瘀药的使用，不仅改善血液循环，且有助于解郁化痰，临床可选用当归、桃仁、赤芍、红花等药物，但需注意有脂肪肝后期演变为肝纤维化、肝硬化而呈阴虚易出血者，当慎用化瘀药。

医案9 姚某，男，55岁。1991年6月17日初诊。主诉：右胁部胀满不适半年。

现病史：患者右胁部胀满不适半年，伴喜哈欠，时有头晕，纳便尚可，舌质红，苔黄厚腻浊，脉弦缓。有高血压病史，服药治疗，血压控制不佳，血压为（120～140）/（90～100）mmHg，当时测血压为124/98mmHg。B超提示非均质脂肪肝，右肾囊肿伴结石，左肾结石，胆囊切除术后。

西医诊断：脂肪肝，高血压病。

中医诊断：肝积，眩晕（痰瘀内积，肝阳上扰）。

中医辨证：痰瘀内积肝，肝阳上扰，导致眩晕。

治则：化浊行瘀，息风通络。

处方：莱菔子30g，川厚朴15g，枳壳15g，石菖蒲12g，郁金12g，虎杖根30g，马鞭草15g，泽泻30g，车前子30g，天麻12g，制胆南星12g，川芎20g，葛根30g，黄连6g，钩藤30g，白蒺藜12g，制半夏12g，决明子30g，瓜蒌仁30g，金钱草30g，海金沙30g，益母草30g。14剂。

1991年7月1日复诊，自诉诸症缓解，测血压为118/85mmHg，舌质偏红，黄厚腻苔有所化，脉弦缓，病情好转，然余邪尚存，于原方中去石菖蒲，加石决明30g，以加强平肝之功。

处方：莱菔子30g，川厚朴15g，枳壳15g，石决明30g，郁金12g，虎杖根30g，马鞭草15g，泽泻30g，车前子30g，天麻12g，制胆南星12g，川芎20g，葛根30g，黄连6g，钩藤30g，白蒺藜12g，制半夏12g，决明子30g，瓜蒌仁30g，金钱草30g，海金沙30g，益母草30g。14剂。

以后患者每半个月复诊一次，自诉头晕、胸胁胀满等不适基本消失，苔转薄，精神亦转佳。

按 本例中年男性，有高血压病史、胆囊结石胆囊切除史，B超提示肾囊肿及结石、脂肪肝。杨老指出，以上病史资料均表明患者肝疏泄失职，气血欠畅，进而导致积滞内停，出现结石、囊肿、脂肪肝等临床表现。四诊合参，可知患者多浊多瘀，故重用莱菔子、枳壳、川朴、制半夏、制胆南星、石菖蒲、泽泻、车前子、郁金、川芎、益母草之类化浊行瘀，另予以金钱草、海金沙、虎杖根疏利肝胆以求其本。瘀浊日久有化热之象，用黄连兼顾。杨老认为，兼有高血压病患者，遵从"疏其血气，令其条达，而致和平"的原则，通过全面改善血流供求关系，达到治疗目的。于方中加入天麻、决明子、钩藤、白蒺藜平肝疏肝协同降压，缓解症状。决明子、石决明有平肝之效，与瓜蒌仁同用又取其润肠通便之功，导湿浊从大便而去。

医案10 黄某，男性，78岁，浙江杭州人，1992年9月12日初诊。主诉：原发性肝癌术后6年余，复发1年。

现病史：患者于1986年8月体检时B超发现右肝占位，考虑原发性肝癌，行右肝下叶切除术，术后病理：肝细胞肝癌。术后病情稳定。1991年7月检查，MRI发现右肝有1.0cm小结节，考虑肝癌复发，先后予以肝动脉栓塞化疗3次，复查CT：病灶碘油沉积良好，病情稳定；肝内多发病灶，考虑肝癌复发进展。因患者原有慢性肝炎肝硬化50余年，肝功能差，不适合再次化疗。

复查血清AFP持续升高，最高达32500μg/ml，肝癌病情进展。经护肝治疗，疗效不明显。目前腹胀、嗳气口臭，口干喜饮，纳差乏力，夜间盗汗，大便干结。无发热腹痛的不适。诊查：患者面色灰暗，全身浅表性淋巴结未及肿大，两肺未及干湿啰音，心率为75次/分，腹软，肝肋下触及，质硬，无压痛，全腹未及压痛与反跳痛，舌红而少津，苔中腻，脉弦。

西医诊断：原发性肝癌术后复发，慢性肝病，肝硬化。

中医诊断：肝积（阴亏、瘀毒之积化热）。

中医辨证：肝积日久，肝阴亏虚，热瘀湿毒内积。

中医治则：养肝敛津，清热解毒，佐以祛瘀化湿。

处方：芍药30g，五味子12g，百合12g，生地15g，瘪桃干15g，糯稻根30g，黑大豆30g，半枝莲21g，半边莲21g，猫爪草15g，蒲公英30g，白英30g，山海螺30g，郁金12g，王不留行12g，虎杖根30g，莱菔子30g。7剂。

二诊：患者盗汗明显好转，腹胀口臭减轻，舌红苔腻，脉弦。效不更方，考虑湿浊内蕴明显，故原方加大豆卷12g，佩兰12g化湿。

处方：芍药30g，五味子12g，百合12g，生地15g，瘪桃干15g，糯稻根30g，黑大豆30g，半枝莲21g，半边莲21g，猫爪草15g，蒲公英30g，白英30g，山海螺30g，郁金12g，王不留行12g，虎杖根30g，莱菔子30g，大豆卷12g，佩兰12g。7剂。

三诊：患者腹胀口臭明显减轻，夜间少量盗汗，大便欠畅，时有右肋下隐痛，舌红苔腻，舌下瘀筋明显，脉弦涩，四诊合参，中医辨证为热、毒、瘀、湿积滞于肝，兼有肝阴亏虚。治当清热解毒，祛瘀化湿，佐以养肝。

处方：半枝莲21g，半边莲21g，猫爪草15g，蒲公英30g，郁金12g，王不留行12g，虎杖根30g，莱菔子30g，地骷髅30g，大豆卷12g，决明子30g，瓜蒌仁30g，刺蒺藜12g，僵蚕12g，百合12g，生地12g，瘪桃干30g。7剂。

四诊：患者腹胀隐痛减轻，已无盗汗，舌红苔黄腻，脉弦涩。肝积之证，本为顽疾，非一日之功可图，需久磨渐消，兼顾正气。后以上方加减坚持服用。患者服用至今已1年余，复查CT肝内病灶未见增多增大，复查血清AFP已降至800μg/ml，却始终稳定在这一水平。患者无明显腹胀腹痛，纳可眠佳。服用中药期间未行化疗，护肝支持用药与前相同。

按 原发性肝癌是常见的恶性消化道肿瘤，发现时多为晚期，在我国发病率高，死亡率高，生存期短。目前早期肝癌行手术切除术效果良好，但晚期肝癌缺乏有效的治疗手段，化疗和分子靶向治疗有效率不高，运用中医中

药治疗肝癌，有一定的疗效，且毒副作用小，可延长患者的生存期，已得到许多肿瘤专家的认同。本例患者原有慢性肝病、肝硬化50余年，肝阴本亏，加之热、湿、瘀内积，日久蕴毒，导致肝阴愈虚，盗汗等诸证峰起，正气耗散。杨氏认为肝癌属中医肝积之证，这例患者治疗必先养肝敛津扶正为主，佐以攻毒祛邪。故初诊予芍药、五味子、百合、生地养肝扶正，瘪桃干、糯稻根、黑大豆敛津。佐以半枝莲、半边莲、猫爪草、蒲公英、白英、山海螺清热解毒，郁金、王不留行、虎杖根、菜菔子祛瘀化湿。治疗后肝阴得养，津液得敛，正气来复。杨老认为此时当攻毒祛邪为主，佐以养肝。药用半枝莲、半边莲、猫爪草、蒲公英清热解毒为主，并予以郁金、王不留行、虎杖根、菜菔子、地骷髅、大豆卷祛瘀化湿，决明子、瓜蒌仁通腑泄浊；肝阴不足，肝阳偏亢，易引动肝风内动，故佐以百合、生地、刺蒺藜、僵蚕养阴平肝息风。杨老认为肿瘤患者的病机本质是正气亏虚，邪毒内聚，治当权衡正邪之间的主要矛盾。正虚明显，当扶正为主，佐以祛邪；邪毒明显，当祛邪为主，佐以扶正。如单纯扶正，恐祛邪不足；单纯祛邪，恐耗伤正气。扶正祛毒是治疗肿瘤的基本大法。

第四节　脾胃病证，健脾和胃

一、胃脘痛的辨治经验

胃脘痛以胃脘部疼痛为主要症状。《灵枢·邪气脏腑病形》云："胃脘当心而痛。"指出了胃脘痛的部位。《脾胃论》云："饮食不节，寒温不适，脾胃乃伤。""六淫中以伤脾胃致病为最多见。"以及《景岳全书》云："胃脘痛证多由因食、因寒、因气不顺者，然因食、因寒亦无不皆关乎气。"说明胃脘痛发病与饮食、起居、劳倦、湿邪、七情等因素的关系。这些因素互相影响，引起胃的气机阻滞，乃至不通则痛。

（一）病因病机

情志郁结，肝木犯胃；或饮食劳倦，损伤脾胃；或感受外邪，邪阻气滞，脾胃升降失司，气机不利，不通则痛；或久病脾虚，脾胃虚寒，胃络失养。或瘀血内生，脉络阻滞，胃络损伤，均可致胃脘部疼痛并伴有一系列兼证。

（二）辨证施治

杨老认为，胃脘痛发病是与饮食、起居、劳倦、湿邪、七情等因素有关。而这几种因素往往相互影响，同时并存，从而导致胃的气机阻滞，乃至不通则痛。根据临床实践，胃脘痛病之始，以寒热挟杂，偏实为多。日久不愈，则以偏寒和虚证为多。对胃脘痛，可辨证与辨病相结合，以证概病，以病分型。临床上胃脘痛以溃疡病、慢性胃炎最为常见。中医分型，因病情有轻重、体质有强弱、病史有长短、医生经验亦不一样，故分型因人而异。杨氏对溃疡病、慢性胃炎的辨证施治简介如下。

1. 溃疡病的辨治

本文溃疡病专指胃及十二指肠溃疡，是一种常见病、多发病。临床表现主要呈规律性的胃脘疼痛，伴有嘈杂、吞酸等症状。X线钡餐造影或纤维胃镜检查可确诊。该病初起属阳，虚实夹杂，继则转阴，本虚标实，临床上以虚为多见。如能及时合理治疗，一般预后良好；治疗不当或久延不愈，易出现穿孔、出血等并发症，少数患者亦有恶变转化。治疗常以甘温和中、疏运理气为主，理中、四君是常用之扶中健脾方。但临证则按不同证候，结合体征，灵活立方用药。大致分为"气滞郁热""脾胃虚寒""血瘀"三种类型。

（1）气滞郁热型

证候：胃脘疼痛或脘胀，胸闷，嗳气，恶心，嘈杂，热灼、反酸，口苦干，苔黄，脉弦滑等。

辨析：本型常因情志所伤，肝气犯胃，胃失和降，或饮食不节，辛辣酗酒，损伤脾胃，致气机失畅。久郁化热，灼伤胃络，气血壅滞，不通则痛。因胃有蕴热，升降失司，气机上逆。故嗳气、反酸、热灼、恶心、口苦俱现。

治则：疏肝清热，和胃降逆，理气和中。

方剂：经验方。柴胡6g，郁金12g，苏梗9g，黄连5g，吴茱萸1g，八月札10g，姜半夏9g，枳壳9g，炒白芍12g，延胡索30g，制香附9g，玫瑰花9g，沉香曲9g。

如有嘈杂、热灼反酸者。止痛药可选延胡索、白芍、娑罗子为主药。不宜用温运止痛之丁香、桂心等。对酸味药物和曲类药物均应慎用。

浙江中医临床名家·杨继荪

（2）脾胃虚寒型

证候：空腹疼痛明显，或夜间作痛，得食或按之痛减，喜甜食，怕冷。常伴四肢指（趾）端冷，神倦乏力，舌多偏淡，苔白，脉细。

辨析：本型多由脾胃素虚，复感外寒或饮食生冷，再伤脾阳，阳虚内寒，以致中阳不振而成脾胃虚寒证。寒气格阳，胃脉受阻，营卫不和，瘀而成胃痛。阳不温煦，胃失濡养而致脘中冷痛或隐痛，喜温喜按，喜甘食，周身怯寒，神倦乏力，舌淡，苔白，脉细。如病久不愈，中气亏损，脾不统血可出现呕血、黑便。

治则：温中健脾，祛寒降逆，抑酸止痛。

方剂：理中汤加味。党参12g，白术9g，炮姜5g，炙甘草6g，炒白芍12g，黄芪15g，制香附9g，延胡索30g，陈皮9g，玫瑰花9g

胃寒甚加桂心；理中汤干姜易炮姜，以防性温动血。

（3）血瘀型

证候：胃脘出现剧痛，继而出血，出血后疼痛反而减轻或痛止，血止后痛又作，伴黑便，严重出血者可见柏油样烂便，面色苍白，乏力明显，口干，头昏，自汗，血压下降，脉细数。

辨析：久病体虚，脾胃虚弱，气血不足，气虚不能摄血而血溢胃络外，或气滞热蕴，热灼胃络，迫血妄行，或久病气血壅滞胃络，瘀血内生，血不循经而外溢。

治则：根据吐血、黑便情况，辨寒热虚实分别予于清热止血、益气摄血、祛瘀生新止血治之。

方剂：①苏木合剂。②独参汤、黄土汤加减。

如呕血鲜红，舌红苔黄，脉弦数，系郁热迫血妄行可用苏木合剂加减：苏木30g，紫珠草30g，蒲公英30g，川连6g，连翘12g，仙鹤草30g，地榆炭12g，白及12g，代赭石10g。如脾不统血、气不摄血而致出血色暗，病人面色苍白、四肢不温、血压下降、脉细数，可先用独参汤益气固脱，继以黄土汤加减益气摄血温脾。

杨老认为，无论是益气固脱或清热凉血止血，都应根据辨证适佐祛瘀生新止血之品，宜选用三七粉（吞服）、制军粉（吞服）、云南白药（吞服）、代赭石、花蕊石、茜草根、炒蒲黄等。其中大黄一味既有清热，又有凉血与祛瘀作用，不失为一味要药。赭石、花蕊石用于血从上溢之呕血、咯血等。益气固脱摄血用人参，选野山参、别直参、新开河参、边条参、生晒参不等。应根据患者症状和体征，酌情使用。别直参、新开河参性偏温，可酌佐西洋参，以制其温燥。一般常用止血药如紫珠草、苏木、仙鹤草、旱莲草、白及、阿胶、柿霜等，对出血夹阴虚者更为适宜，对有出血病史者，除温热之品慎用外，破瘀之川芎、三棱、莪术、桃仁亦应慎之。

对上述溃疡病之胃脘痛的辨证用药，杨老认为，中虚胃寒之痛者，如纳食尚可，无明显作胀，苔不厚腻，需加黄芪，因黄芪有补益气血之功，且有生肌作用。胃痛日久不愈，久病入血，黄芪宜与当归、丹参合用。对热灼反酸、恶心者，黄连与吴茱萸剂量配伍比例为5∶1或6∶1；如无热灼而泛涎清水者，两者剂量配伍比例为2∶5或2∶4。如反酸明显，选加浙贝母、海螵蛸、白螺蛳壳、煅瓦楞等；暖气、恶心明显，加半夏、厚朴、苏梗、生姜；胸闷、脘腹作胀，加郁金、苏梗、枳壳、厚朴、玫瑰花；口苦干，苔黄腻而燥，加鲜石斛、鲜芦根、蒲公英、天花粉、知母等；胃阴不足，加石斛、无花果、麦冬、北沙参等；若苔腻纳少夹湿者，则生地、首乌、萸肉类慎用。清热止血之大黄、蒲公英、连翘、黄连类药用于热甚出血，或呕血，或黑便，效果较好，是属古人所谓"火性炎上，载血妄行"的对因治本疗法。

2. 慢性胃炎的辨治

慢性胃炎包括慢性浅表性胃炎、肥厚性胃炎、慢性萎缩性胃炎等。杨老认为，慢性胃炎中浅表性胃炎、肥厚性胃炎和慢性萎缩性胃炎，其表现的胃脘痛有虚、实之别，前两种以实多见，后者以虚为主。浅表性胃炎可转化萎缩性胃炎，而萎缩性胃炎的早期表现为浅表性胃炎，有时两者可同时并见；肥厚性胃炎似为单独病型，很少转化。现将杨氏对肥厚性胃炎和慢性萎缩性胃炎的胃脘痛的辨证施治作简要分述。

（1）肥厚性胃炎

证候：上腹部胀痛，暖气、反酸、热灼，纳食减退，口苦面干，苔黄根腻，脉象弦滑。经纤维胃镜检查确诊。

辨析：多属饮食不节或情志郁结等致胃有蕴热，脾虚夹湿，失于健运，气机阻滞，不通则痛。胃热气逆故暖气、反酸、口苦、热灼。内有湿蕴，故苔黄根腻，脉弦滑。

治则：清热化湿、健脾和胃。

方剂：经验方。黄连5g，黄芩12g，蒲公英30g，厚朴12g，枳壳12g，姜半夏9g，佩兰12g，吴茱萸1g，延胡索30g，炒白芍12g。

腹胀甚加白蔻仁粉（冲服）6g，炒莱菔子12g；反酸加白螺壳30g，或海贝散；大便秘结加决明子30g，全瓜蒌30g。杨老认为，该病从虚实辨之，一般初起属实为多，久则中焦气机失于健运，虚实夹杂。故初起时治疗宜泻实祛邪为主，宜清宜疏，调理气机；病久则祛邪时兼顾扶正，以护脾土，健运中气为主。

（2）慢性萎缩性胃炎

杨老认为，慢性萎缩性胃炎的病变过程，因其病程日久，久病必虚，故常表现为虚实夹杂、本虚标实的病理状态。本虚是指脾胃中虚，即"气虚、阳虚、阴虚"；标实是指气滞、湿阻、火郁、血瘀。其证有阳虚和阴阳两虚之异。所谓阳虚系脾胃气（阳）虚，属中气虚馁，脾阳不振；阴阳两虚系偏脾胃阴虚，属中虚脾弱，胃阴不足。上述两类在临证中较为常见，简述如下。

1）脾胃气（阳）虚型

证候：餐后脘腹作胀伴隐痛，嗳气，纳差，口淡，舌质偏淡，或胖，脉沉细，且多喜酸、喜甘，食后舒适，无反酸，偶嘈杂热灼感。胃镜所见，胃壁多数为灰白色或暗红色，红白相兼，属内夹血瘀。

辨析：中气虚馁，脾阳不振，气滞血瘀，胃络失养，脾胃运化功能失常所致。

治则：益气温中，健脾活血。

方剂：理中汤加味。黄芪15g，党参12g，炒白术9g，炮姜6g，川椒3g，炙甘草5g，乌梅9g，无花果12g，赤芍9g，白芍9g，厚朴12g，佛手柑9g，石菖蒲9g，香附9g，丹参30g。

有嘈杂热灼，去川椒、炮姜，加蒲公英30g，吴茱萸1g，黄连5g；食少难消加生山楂15g，鸡内金5g等健胃药；腹胀明显加枳壳12g，去白术；痛甚加延胡索30g。

2）脾胃阴虚型（阴阳两虚）

证候：上腹部隐痛，伴餐后脘胀、嗳气、纳差，或胃中热灼、嘈杂、大便干燥、口干或苦，喜饮水，舌质虽淡，多偏干或苔微黄。纤维胃镜检查确诊为慢性萎缩性胃炎。

辨析：属中虚脾弱，胃阴不足，脉络失养。

治则：益气养阴，和中活血。

方剂：经验方。黄芪15g，党参12g，北沙参15g，麦冬12g，制玉竹12g，石斛30g，蒲公英30g，佛手柑12g，炙甘草5g，乌梅9g，无花果15g，炒枳壳12g，赤芍12g，白芍12g，丹参30g，延胡索15g。

杨老说：萎缩性胃炎为久病虚证。益气、健脾、活血为治疗之共性。黄芪、当归合用益气养血，气血得养，生化有源，有助于腺体分泌。食疗中长期食用羊肉以温养，少佐大蒜、胡椒可刺激胃壁分泌胃酸，有利于萎缩性胃炎的症状改善。

二、痞证的辨治经验

痞证是指心下痞塞，满闷不舒，触之无形，未觉疼痛为主的病证。临床上较为多见，是常见的脾胃病之一。杨老对痞证的临床辨治有其独到之处。他认为痞证多属胃病。临床上如慢性萎缩性胃炎、胃十二指肠球部溃疡、胃下垂、上腹部手术后粘连、消化不良等疾病均可出现上述主症。虽病似不重，但需辨证正确，治法得当，用药合理尚能解除症状。辨证上有寒热虚实之分，常表现为寒热错杂、虚实并见。治疗上则分别以温清消补治之，予疏理通降、扶正祛邪兼顾。临床一般以实痞、虚痞辨治。

（一）实痞

痞证，在《黄帝内经》中或称"否""满""否塞""否膈"等。杨老认为，痞证其病位在胃，故亦称胃痞，与肝、脾关系密切。脾主升清，胃主通降；脾以升为健，胃以降为顺；肝主疏泄，调达气机而助脾胃升降。如肝失疏泄、胃失通降、脾失健运均可以相互影响，使升降气机痞塞或逆乱异常致气滞中满。痞证有虚实之异，实痞，即痞证因邪实所致，以气滞壅塞为主属实证。如张介宾在《景岳全书·痞满》中谓："痞者，痞塞不开之谓……凡有邪有滞而痞者，实痞也。"即此意也。

1. 病因病机

情志郁结，肝郁犯胃或邪犯脾胃，湿聚热蕴；或饮食不节，积滞内停均可使气机阻滞、脾胃升降失常，而致胃脘痞塞不舒之证。

2. 辨证施治

杨老认为，对于痞证临证首当辨别邪之有无。要根据病因病理，患者体质之强弱，症证相参，抓住邪气实的主要矛盾，加以正确辨治。按辨证分型，临床上实痞最常见的有肝郁气滞、饮食积滞和湿阻气逆三种证型。现分述如下。

（1）肝郁气滞型

证候：胃脘痞塞满闷、甚则引及两胁，心烦易怒，或寡欲少语，或时作叹息，舌苔薄白，脉弦。

辨析：情志不和，七情郁结，肝郁犯胃，气机不畅，则胃脘痞满，甚则引及两胁；情志郁结则寡欲少语或时作叹息。

治则：疏肝解郁，理气和中。

方剂：小柴胡汤合左金丸加减。柴胡、黄连、吴茱萸、姜半夏、枳壳、厚朴、蒲公英、大腹皮、炒白芍、郁金、玫瑰花、鸡内金、陈皮。

有嗳气反酸者，可加瓦楞子、乌贼骨；便溏者加茯苓、米仁、砂仁、广木香；呕恶、苔腻者，加白蔻仁、姜竹茹。

杨老认为，此型在辨治时需重问诊，要详辨细问，究其致病之因，治疗当有的放矢。用药时忌用大寒大热之峻剂，宜"木郁达之"，用疏理通滞之辛宣之品。根据气郁易化热上火之特性，故可酌用少量清胃泄热健脾之黄连、蒲公英之品。在配合药物治疗的同时，当耐心做好患者的心理疏解工作，以调摄患者的心态，达到心理平衡，气郁渐消。

（2）饮食积滞型

证候：胸脘痞塞不舒，嗳腐吞酸，或恶心呕吐，脘腹拒按，或大便不畅或秘结，舌苔厚浊，脉弦滑。

辨析：饮食无度，嗜酒失节而损伤脾胃，脾胃升降失司，食入之物不化，食积气滞而致痞满、嗳腐吞酸、呕恶。正如《素问·痹论》中所言："饮食自倍，肠胃乃伤。"

治则：消食和胃，理气通滞。

方剂：保和丸合平胃散加减。炒山楂、沉香曲、姜半夏、厚朴、枳壳、大腹皮、炒莱菔子、莪术、黄连、蒲公英、陈皮、鸡内金。

如腹满，大便秘结，可加大黄、槟榔以导滞通便。如食积夹湿可酌用白蔻仁，反酸甚加白螺蛳壳。

杨老认为，饮食积滞所致痞证，病因易辨。治疗用药应明了食积气滞易助湿蕴热，故在消食药基础上酌用燥湿清热之品，如黄连、蒲公英、白蔻仁之类。依据脾胃升降之生理特性，宜用黄连、姜半夏辛苦通降及厚朴、枳壳、莪术等理气通滞消积之品。如食积热郁灼阴伤津，口干苔少者，还可加川石斛等生津养液以护胃阴。

（3）湿阻气逆型

证候：胃脘痞塞不舒，伴胸闷不饥，漾漾欲呕，身重倦怠，大便清薄，小便黄浊，舌苔黄或白腻，脉滑。

辨析：素体脾胃虚弱，内湿较盛，夹感风寒湿等外邪未及时治愈或误治伤中，邪入胸膈胃脘，脾胃受损，湿浊内生，而致湿阻气逆为主的痞满之证。

治则：化浊和中，理气降逆。

方剂：藿朴夏苓汤合平陈汤加减。藿香、佩兰、厚朴、姜半夏、茯苓、苍术、陈皮、广木香、白蔻仁、炒扁豆衣、莱菔子、黄连、佛手柑。

如呕恶、嗳气甚，可加旋覆花、代赭石以降逆和中；如脘腹隐痛可加白芍、延胡索以缓急止痛；食少难消加沉香曲、炒谷芽、炒麦芽各等份；大便秘结加瓜蒌仁、大腹皮以利肠行滞：胃中怯冷可加用炮姜。

杨氏认为，湿阻气逆型之痞证，常有寒热互结、胃热脾寒之变，故用药宜寒热并用，辛开苦降，以达利中开痞之效。

（二）虚痞

虚痞即痞满之虚证。非因食积、气滞、感受外邪或误下所致，实属脾胃素虚、脾阳不振或久病脾胃呆钝、脾失健运，或实痞久治不愈伤正，表现以正气虚为主的脘腹痞满之证。常见于久治不愈的胃十二指肠溃疡病、慢性萎缩性胃炎及胃下垂等。

1. 病因病机

脾胃素虚或久病伤中，正不胜邪，日益虚衰，脾胃升降功能失司，气机不利而致胃脘部虚满不适，有痞塞之感，并伴有一系列脾胃虚弱之症状。

2. 辨证施治

杨老认为，实痞之证多属邪气方盛而正气未衰，痞证之虚者则为日久不愈，或时发时止，饮食少进而脾胃虚弱。临床虚痞多见脾胃虚弱，或在此基础上又复感饮食、七情、外邪所伤，而为本虚标实、虚实夹杂之证，或兼有寒热错杂、下寒上热、上实下虚之变证。故在治疗时通补兼施或先通后补。做到补而不碍气机，疏而不伤正气。虚痞常见脾胃虚弱和中气下陷两型。现辨证如下。

（1）脾胃虚弱型

证候：脘腹痞满不舒，不知饥，喜温喜按，得温得食则舒，四肢不暖，

气短乏力，大便溏薄，舌淡苔白，脉沉细。

辨析：多为素体脾胃虚弱，或病后中气不足，或久延不治，中气受损，脾阳不振，胃降失司，中气不运，气机不畅所致虚痞之证。

治则：健脾益胃，理气和中。

方剂：理中汤加减。党参、白术、炮姜、茯苓、厚朴、陈皮、炒米仁、炙甘草、炒扁豆衣、蒲公英、象贝、枳壳、生姜。

伴纳谷不馨、便溏者，加砂仁、沉香曲；夹湿、呕恶、苔薄者，加姜半夏、白蔻仁；口苦而下利之上热下寒者，加黄连、吴茱萸、半夏、木香；反酸者，选用乌贼骨、白螺蛳壳、瓦楞子。

（2）中气下陷型

证候：中下腹作胀，食后尤甚，直立时较平卧时胀滞明显，形瘦，乏力，面色少华，苔薄黄，脉细。

辨析：脾胃不足、中气久虚下陷而致气机失畅、升降失司，故见脘腹作胀、直立时较甚等症；脾胃气虚，故见形瘦、乏力、面色少华、脉细等症。

治则：补中健脾，升清降浊。

方剂：补中益气汤加减。黄芪、党参、柴胡、升麻、白术、陈皮、当归、厚朴、大腹皮、鸡内金、枳壳。

兼胃热者，加黄连、蒲公英；便溏者，加广木香、砂仁；脘腹胀滞较甚且夹实者，可暂去黄芪、白术以防壅中，先理气通滞，后再补益中气。

杨老曾治一中虚腹满久治未效者，嘱服别直参，隔日3g。月余，腹满症除，精神饱满。他认为，治痞非皆用理气消滞法。属虚痞者，为气虚脾运失健，肠道运送动力减弱所致。虚者当补，用补益中气之参芪鼓舞胃气，使脾运强健，运送有力，其虚痞腹胀之症亦当自消。

三、脾胃病证案例

医案1 汪某，男，30岁。1991年9月5日初诊。主诉：反复心窝部疼痛1年，又作1周。

病史：患者反复出现心窝部疼痛已1年。多因饮食不慎诱发，痛以胀痛为主，时泛恶、作酸。1周前，饮酒后又发。曾作胃镜检查示：胃溃疡。

诊查：中脘作胀，心窝部按之隐痛，反酸、嗳气，舌质红，苔黄略腻，脉细弦。

西医诊断：胃炎；胃溃疡。

中医诊断：胃脘痛（酒湿伤胃）。

辨证：酒湿内蕴，蕴而化热，饮食伤胃，胃失和降，气机不利，滞而作痛。

治则：清化制酸，和胃降逆。

处方：川连5g，吴茱萸1g，姜半夏9g，厚朴12g，浙贝母15g，煅海螵蛸30g，姜竹茹9g，炒枳壳12g，炒橘红6g，蒲公英30g。4剂。

药后胃脘胀痛除，嗳气反酸亦少。停药。

二诊：1991年11月2日，因饮食不慎，心窝部又疼痛，反酸、嗳气、咽部不适，舌红，苔黄，脉细弦。予辛开苦降、和中调胃。

处方：川连5g，吴茱萸1g，姜半夏9g，川厚朴12g，浙贝母15g，乌贼骨30g，炒枳壳12g，野荞麦根30g，蒲公英30g，制延胡索30g，炒娑罗子12g，川石斛30g，炒白芍12g。5剂。

三诊：1991年11月6日。心窝部疼痛、嗳气反酸均减，尚有咽部干痛，有黏痰，苔薄黄，脉细。再宗原法，上方去姜半夏、乌贼骨、蒲公英、娑罗子、川石斛，加桔梗9g，甘草4g，炒大力子9g，制白僵蚕9g，六月雪15g。5剂。

药后，胃脘痛除，纳可便调，遂停药。

按 本例系脾胃湿热内蕴，又加饮食不慎。方用郁金、半夏、厚朴、海贝散等清热化湿、和中制酸，选药针对病情，故药后即效，然仍当注意治养结合。

医案2 董某，男，50岁，1992年5月10日初诊。主诉：反复中脘部作胀十余年，先后胃出血3次。

病史：患者反复胃脘部作胀十余年，从1978年至1984年曾先后3次"胃出血"，1980年曾作胃镜检查示：十二指肠球部溃疡。目前每至后半夜，胃脘部痛胀频发。

诊查：中脘痛胀，尤以后半夜为甚。无反酸，纳便尚可，苔白腻，脉细。

西医诊断：十二指肠球部溃疡。

中医诊断：胃脘痛（脾虚夹湿，胃有蕴热）。

辨证：中气虚馁，脾失健运，胃有热蕴，气机失畅。

治则：益气扶中，清化和胃，抑酸止痛。

处方：党参12g，炙甘草6g，炒白芍12g，炒娑罗子12g，川厚朴9g，蒲公英30g，玫瑰花（后下）9g，制延胡索20g，沉香曲12g，浙贝母15g，煅白螺蛳壳30g。7剂。

药后中脘胀痛缓解。

按 患者胃病史已有十余年，3次胃出血。脾虚夹湿，胃有热蕴，脾胃俱虚。立方补中寓疏，乃虚实矛盾相兼并举，本标并顾、统筹共治之法。

医案3 金某，女，30岁。1991年12月19日初诊。主诉：反复上腹部隐痛10年，伴恶心2个月。

病史：患者反复上腹部疼痛发作、嗳气、反酸10年。今年10月饮食不慎，腹痛又作，伴恶心、呕吐3天，在当地住院。胃镜示：萎缩性胃炎。病理切片：胃角慢性轻度萎缩（活动期）伴轻度肠上皮化生。住院2个月，期间用得乐冲剂、胃仙-U治疗。症状无改善，遂请杨老诊治。

诊查：中脘胀痛，恶心，纳少，大便干结，寐况欠佳，苔黄根腻中剥，脉弦细。

西医诊断：萎缩性胃炎。

中医诊断：胃脘痛（气滞郁热）。

辨证：饮食失常，脾胃损伤，气机不利，升降失司，胃腑壅遏，致卧不得安。

治则：先拟调畅气机，降逆和中。

处方：厚朴12g，姜半夏9g，炒枳壳12g，吴茱萸1g，制延胡索30g，川连3g，炒娑罗子12g，姜竹茹9g，炒白芍12g，佛手柑9g，制香附9g，甘草4g，炒陈皮9g。7剂。

二诊：药后眠食好转，近日中脘又痛，伴恶心，苔薄白。脉细。原法出入，上方去枳壳、佛手柑、甘草、陈皮，加潞党参12g，炮姜3g，乌梅6g，沉香曲9g。7剂。

三诊：中脘痛减，尚有泛恶，寐况欠佳，头昏乏力，舌尖红，苔黄，脉细。

处方：姜半夏12g，蒲公英30g，乌梅10g，甘草4g，吴茱萸2g，川连4g，制延胡索30g，炒白芍12g，党参15g，炒刀豆子12g，川厚朴12g，炒枳壳12g，炒谷芽30g，炒丹参24g，炒枣仁15g，佛手柑9g。7剂。

药后，恶心、脘痛皆除。

按 萎缩性胃炎多为虚证，虚中夹实。杨老先以理气和中降逆，继以益气温中，佐以酸甘化阴、脾胃阴阳寒热并顾，再予益气活血、和胃宁神。始终贯穿于治标顾本之原则中。处方先后层次分明，逐渐深入疾病之本质，从根本上缓解病情，改善和消除症状。

医案4 邹某，男，78岁。初诊：1992年2月24日。主诉：胃脘部反复不适3年，又发半个月。

病史：患者近3年胃脘部时常不适，去年10月作胃镜检查示：十二指肠球部溃疡；胃炎。病理切片示：胃窦炎，重度萎缩性胃炎，重度肠化，胃体部轻度萎缩，轻度肠化。特殊染色结果：完全小肠型肠化。近半个月胃痛又发。

诊查：中脘胀痛不舒，嗳气，无反酸，大便尚正常，苔黄中腻，脉细弦。

西医诊断：萎缩性胃炎；消化性溃疡。

中医诊断：胃脘痛（脾虚气滞，胃失和降）。

辨证：中焦脾胃气机不利，久则脾虚胃弱，脾运不健而胀气，胃失濡养则通降功能失司，胃气上逆见嗳气频作，气滞不通则痛。

治则：健脾和中调胃。

处方：党参15g，生米仁30g，厚朴12g，炒枳壳12g，佛手柑9g，姜半夏9g，乌梅9g，无花果15g，石菖蒲6g，蒲公英30g，生楂肉15g，炒陈皮9g。7剂。

二诊：服药后嗳气少，痛止。近日湿气较多，天气转凉，中脘尚不适，脉细弦，苔薄黄。再宗原法，上方去生米仁、无花果。加丹参30g，炒白芍9g。7剂。

服药后，前症均改善。

按 萎缩性胃炎均有中气虚、胃阴不足之共性，故补中益气、酸甘养阴乃治该病之基本法则。党参、甘草、乌梅、山楂、石菖蒲、佛手柑皆为杨老常选之味。根据中虚程度或阴虚有热状况，适选黄芪、白术、黄精、怀山药、扁豆、米仁、茯苓，或川连、蒲公英、黄芩等。久病者，杨老常用当归、赤芍、丹参类活血养血以改善血运。萎缩性胃炎为慢性病，需较长时间调理，遇饮食不当、劳倦、气郁易诱发，故调养之中，更要注意起居饮食和保持健康舒心。

医案5 傅某，女，58岁。1991年9月16日初诊。主诉：胃脘部反复痛5年，复发5天。

病史：患者饮食不慎即感胃脘部不适或疼痛，无反酸，平时喜食酸味。曾作胃镜检查示萎缩性胃炎。1周前因尿路感染口服抗菌消炎药，5天前又出现胃脘部不适、疼痛。

诊查：脘腹部疼痛，纳食减退，小便欠利，小腹作胀，舌质略偏红，苔薄黄，脉细弦。

西医诊断：慢性萎缩性胃炎；尿路感染。

中医诊断：胃脘痛；淋证。

辨证：饮食不节，药物所伤，停积化热，气滞作痛。

治则：消食理气，兼以清利。

处方：炒谷芽30g、鸡内金9g、炒枳壳9g、川厚朴12g、炒陈皮9g、川连3g、佩兰9g、淡竹叶12g、车前子30g、炒牛膝15g、炒白芍12g。6剂。

二诊：胃痛轻，纳食渐增，下腹部仍有胀感，尿后能减轻，苔薄白，脉细弦。拟予清利湿热，佐调脾胃。

处方：蛇舌草30g，瞿麦15g，鸭跖草15g，猪苓15g，淡竹叶12g，车前草15g，泽泻15g，川厚朴9g，炒白芍12g，炒谷芽30g，鸡内金9g，炒陈皮9g。7剂。

药后小腹胀感已除，小便亦无热、痛之感。胃脘部痛亦止。

按 此例萎缩性胃炎患者，常因饮食稍不慎，或因他病服药而损伤脾胃功能。此前伴尿路感染。治疗时，先调脾胃，后重以清热通淋，既遵治病以脾胃为先之法则，又遵急病新邪，当以急则治标之原则，兼顾胃气，使新邪去而不引动宿疾。

医案6 黄某，男，41岁，1991年9月9日初诊。主诉：反复脘胁胀满半年，又作半个月。

病史：患者近半年来，饮食不慎或饱腹后即易出现脘胁胀满不舒。甚则疼痛，空腹时则嘈杂反酸，一直当作胃炎治疗，服胃炎合剂、雷尼替丁等无明显效果。半个月前因饮食不节，脘胁又胀满不舒，胃纳减退，精神不振，自服胃药（具体不详）无效，请杨氏诊治。

诊查：进食后腹胀加重，中脘偏右及两胁作胀，右胁下轻压痛，嗳气，反酸，嘈杂，纳呆。晨起口苦而黏，舌质淡红，苔黄中厚腻，脉细弦。

西医诊断：胃炎；胆囊炎。

中医诊断：胃脘痛；胁痛。

辨证：饮食不节，损伤脾胃，脾失健运。水湿不化，湿与热合，壅阻肝胆，气机郁滞，胃失和降。

治则：先拟清化和中。

处方：川连3g，吴茱萸1g，蒲公英30g，厚朴12g，炒枳壳12g，姜半夏9g，佩兰12g，生米仁30g，浙贝母15g，白蔻仁粉（冲服）6g，鸡内金9g，炒陈皮9g。7剂。

并嘱做肝胆B超检查。

二诊：药后进食腹胀减轻，尚不能饱食，余症有改善，药停十余日，仍有嗳气、嘈杂反酸，苔白燥，脉细弦。B超示：①有肝内小胆管结石；②胆囊炎；③脾肿大。治予上方去佩兰、白蔻仁粉、米仁，加党参12g，甘草5g，郁金12g，海螵蛸18g。7剂。

三诊：嗳气、嘈杂、反酸之症均减，两胁仍发胀，口苦，苔微黄根腻，脉细弦。疏理清化、抑酸扶中继进。

处方：柴胡6g，郁金12g，炒黄芩12g，炒枳壳12g，厚朴12g，蒲公英30g，丹参30g，太子参30g，浙贝15g，海螵蛸30g，制延胡索20g，鸡内金9g，青陈皮各6g。7剂。

药后两胁胀满显减，纳增，精神好转，未腹痛。

按 本例因饮食不节致中焦湿热壅阻肝胆，影响肝之疏泄与胆之通降功能，胆汁郁结，排泄不畅，反入于胃。肝胃不和，气郁化火，火郁则热蕴，湿热交阻久则煎熬成石，既成砂石，宣疏利排石。此例为右肝内小胆管小结石，用中药清热疏肝、利胆排石是其首选，然肝木犯胃，扶中和胃，治当兼顾。

医案7 方某，男，37岁。会诊时间：1992年1月23日。主诉：转移性右下腹痛17小时。

病史：因转移性腹痛于1991年12月29日入院。入院时血白细胞计数偏高。于当日行阑尾切除术，术后20余天仍感腹痛（手术后诊断为急性阑尾炎穿孔伴局限性腹膜炎）。术后2周B超示：右下腹实质性占位可能（炎性包块）。曾服中药清热解毒活血药（大黄牡丹皮汤加减），仍腹痛不止。请杨老会诊。

诊查：右下腹阑尾术后，仍感腹部疼痛，舌质红，苔薄白，脉细弦。

西医诊断：阑尾穿孔腹膜炎术后腹腔残余炎症。

中医诊断：肠痈术后（气滞热蕴）。

辨证：肠痈术后，热毒未尽罢，气机不利，血运欠畅，肠道功能未得尽复。

治则：清热解毒，理气活血。

处方：红藤18g，败酱草30g，蒲公英30g，银花30g，白芍9g，制延胡索30g，广木香9g，炒枳壳12g，川厚朴12g，鸡内金9g，大腹皮12g，制军12g，香橼皮9g，猪、茯苓各15g。5剂。

二诊：1992年1月27日。服上药，腹痛明显减轻，舌红苔薄，脉细弦。上方去鸡内金、大腹皮、制军、香橼皮、猪苓、茯苓，加川连4g，乌药9g，淡竹叶12g，车前草30g。5剂。

药后，痛止，痊愈出院。

按 杨老以为，阑尾炎化脓属中医之肠痈，术后余热瘀毒未清，用大黄牡丹汤对热证夹瘀效果较好；如未重视理气的治疗，术后肠道气机不利，肠运未尽复，气滞血不行，加重理气行瘀药，气行则血行热清，气行则血运通畅，腹痛亦止。

医案8 诸某，男，37岁。初诊：1991年7月4日。主诉：脘腹胀满不舒1月余。

病史：患者6月初起感脘腹部胀滞不舒，时泛恶，口苦，大便偏烂。6月下旬作胃镜检查示：十二指肠球部溃疡，胃窦炎伴浅表溃疡，胃底部糜烂。

诊查：脘腹胀满，大便烂，舌质红，苔黄腻，脉细弦。

西医诊断：消化性溃疡伴糜烂。

中医诊断：痞证。

辨证：胃肠积热，脾运失健，清不升，浊不降。

治则：先拟清化运中，升清降浊。

处方：川连3g，吴茱萸1g，蒲公英30g，大腹皮12g，枳壳12g，厚朴12g，制延胡索30g，炒白芍12g，川石斛30g，玫瑰花（后下）9g，炒陈皮9g。14剂。

二诊：服药后腹胀宽，口苦、恶心改善，大便尚烂，苔薄腻中微黄。益气健脾，清化和中继之。

处方：党参15g，甘草5g，炒白芍12g，姜半夏12g，厚朴12g，象贝15g，炒枳壳12g，制延胡索30g，蒲公英30g，吴茱萸1g，川连3g。5剂。

药后脘腹宽舒不胀，大便尚偏烂，日行1次，因工作忙未续进调理，至9月下旬曾再度脘胀恶心，继用上药调脾胃，症状缓解。

按 消化性溃疡属慢性病，需较长时间调养。本例胃实脾弱，由清化运中逐渐向益气健脾法转化，待以根治，治疗中应配合调摄饮食，三分治七分养，饮食有节至关重要。

医案9 张某，女，55岁。会诊日期：1991年10月17日。主诉：反复腹痛、腹泻6年，加重7个月。

病史：因反复腹痛、腹泻6年，加重7个月，于1991年9月15日入院。患者近7个月来解脓血大便，轻则每日2～3次，重则十余次。曾在上海某医院作X线钡剂灌肠造影检查，提示为慢性结肠炎。当地医院做结肠镜检查亦提示为慢性结肠炎。经抗感染治疗后，2个月来已无脓血便，但里急后重感仍明显，且纳呆腹胀，左下腹压痛，服参苓白术散及益气升提固脱之味后反感腹痛，而服清热解毒药后自感舒服，然前症却无改善，遂请杨氏诊治。

诊查：追问病史，患病已20余载，近五六年加重，刻下食后饱胀，进甜食尤感不适，纳少反酸，口燥，但不喜饮，时见左下腹部隐痛，大便烂，日行三四次，里急后重感，较消瘦，舌质红，舌根黄腻，脉细。

中医诊断：滞下（湿蕴肠胃）。

西医诊断：慢性结肠炎。

辨证：湿热蕴滞肠胃，脾气不升，胃失和降。

治则：清热解毒，化湿调气。

处方：红藤12g，白头翁12g，秦皮9g，炒黄柏9g，厚朴9g，黄连4g，炒枳壳9g，葛根18g，广木香9g，鸡内金9g，炒陈皮9g，太子参30g。7剂。

二诊：服上药7剂后，腹痛改善，便次减少，大便时已无滞下之感。刻下口仍干苦，左腹部偶稍有隐痛，大便日行1次，黏液减少，舌红，苔薄白，脉细。上方去秦皮、黄柏、鸡内金、陈皮，加川石斛30g，制延胡索30g，炒白芍12g，丹参20g。7剂。

三诊：又服7剂后，腹痛止，大便已无黏液，胃中嘈杂、热灼，时反酸，进食多大便次数易增多，舌质红，苔薄黄中略腻，脉细弦。予以健脾和中，辛开苦降法善后。

处方：太子参30g，炒扁豆衣12g，黄连3g，吴茱萸1g，厚朴12g，广木香9g，炒枳壳12g，蒲公英30g，苏梗12g，煨肉果9g，鸡内金9g，山楂炭15g，延胡索24g。7剂。

药后胃中热灼、反酸好转，大便亦正常，日行1次。继以上方调理出院。

按 杨老在分析此病案时说，患者病起虽有20余载，但大便仍有脓血或里急后重感时不宜用肉果之收涩药，真人养脏汤方用时无里急后重感。有进甜食不舒之人，用黄芪亦嫌其壅中，但用槟榔治腹胀又易致泄泻，均应慎用。患者体弱消瘦，用药量宜轻，即"小舟不能载重量"当权衡轻重。在三诊时大便已无黏液，则可去白头翁、红藤。食多易泻是谓脾虚，脾胃升降失调。胃中嘈杂、热灼及便烂，属太阴有湿，阳明有热。代表方为苍术白虎汤。胃热以左金丸加蒲公英；热伤津加石斛、芦根、花粉，不用麦冬、玉竹等助湿；健脾用党参、山楂、扁豆衣；健胃用厚朴、枳壳、鸡内金；累及脾肾可用煨肉果；反酸明显加乌贼骨。本例肠道湿热清理后，以健脾和中、辛开苦降法胃肠兼顾，调理善后。

医案10 卢某，男，27岁。会诊时间：1991年10月31日。主诉：大便次数增多伴里急后重感3年。病史：3年来，患者大便次数增多，每日3～4次，多则日行14～15次。曾作结肠镜检查，提示为慢性结肠炎。钡剂灌肠提示为胃肠功能紊乱。大便常规检查示：黏液便，偶见少量白细胞。心电图示：窦性心动过缓，低电压倾向。先后用葛根芩连汤及红藤、马齿苋、锡类散等以清为主的中药，经煎汤口服或灌肠治疗，仍无明显效果，遂请杨老诊治。

诊查：追问病史，有多虑不安史5年，忧郁，寐差，自卑，甚而有过自杀念头。近3年来反复出现黏液便、里急后重，然无脓血，大便每日3次，且矢气频频，口干，纳可，舌质红，苔薄黄，脉细。

西医诊断：慢性结肠炎。

中医诊断：泄泻（肝郁伤脾）。

辨证：肝气郁结，心阳偏亢，碍及脾土。

治则：木郁则达之，火郁则发之，抑肝扶脾，用清心平肝解郁，兼顾健脾之法治之。

处方：黄连6g，炒枣仁12g，郁金12g，青龙齿30g，紫贝齿30g，合欢皮15g，夜交藤30g，石菖蒲9g，柴胡6g，苏梗12g，枳壳12g，葛根30g。5剂。

二诊：仍有心烦少寐梦多，唇舌干燥喜饮，大便日有3次，质尚烂，且有里急后重感，大便仍带有黏液，舌质红，苔黄而燥。继以清心宁神，调理肠胃继之。

处方：黄连6g，炒枣仁12g，辰茯苓12g，五味子6g，麦门冬30g，龙齿（先煎）30g，生石决明30g，炒楂肉30g，乌梅12g，甘草6g，石菖蒲6g，葛根30g，合欢皮15g，鲜石斛30g。5剂。

三诊：心烦、头胀、寐况有好转，唇燥亦有改善，大便尚烂，日行2次，苔薄黄，脉细。原法出入续进。

处方：黄连6g，炒枣仁15g，青龙齿30g，合欢皮15g，红藤30g，炒枳壳12g，五味子6g，郁金15g，鲜石斛30g，栀子9g，淡豆豉9g，炒陈皮9g，石菖蒲6g，炒山楂12g。7剂。

药后大便成形，日行1次。以补中益气方巩固之。

按 杨老认为，因极度疲劳或精神刺激引起脾胃功能失调，前者易治，后者难调。先用镇静药不能获效，要注重心理因素。心病尚要心来医。要告诚患者从烦恼中解脱出来。另外杨老还谈及：久泄用收敛药无效的，加用益气药。久病多脱，予益气固脱，升提敛涩，扶正调治。

第五节　气血病证，益气活血

一、消渴的辨治经验

糖尿病，中医谓之为消渴证，亦称"三消""消瘅"。现代医学认为是由于胰岛素分泌绝对或相对不足，靶细胞对胰岛素敏感性下降而引起的全身性疾病。历代医家以《黄帝内经》为据，将它分上、中、下三消而论者较多，以上焦主肺多饮、中焦主脾善饥、下焦主肾尿多区别病位及进行辨证施治。杨氏认为，渴饮、善饥、尿多这三种症状将消渴分为上、中、下三消有失偏颇，因为它们往往是联系在一起的，只是表现程度明显、隐匿不同而已，不能孤立看待，应综合辨证归纳，简分为"阴虚型"与"阴阳两虚型"。同时，特别强调在糖尿病治疗中控制饮食的重要性，病者应耐心摸索适合自己的饮食方法，持之以恒。

（一）病因病机

消渴的病因为素体阴虚燥热、嗜食肥甘厚味、情志失调郁而化火、过

服温燥药物损伤阴津耗伤肺胃肾三脏阴液而成。杨氏指出，消渴虽病在肺、脾（胃）、肾，但往往互相影响。肺燥津伤，津液失于敷布，则脾胃不得以濡养，肾精不得滋助；脾胃燥热偏盛，上可灼伤肺津，下可耗伤肾阴；肾阴不足，则阴虚火旺，亦可上灼肺胃，终至肺燥胃热肾亏同存。而"三多"之症相互并见，但肺、脾（胃）、肾三脏中，尤以肾最为关键。若迁延日久不愈，可阴损及阳，肾阴肾阳两虚，或累及五脏，而致阴阳俱衰。正如《全生集》所说："渴者，里有热也，津液为热所耗，故有消渴一证。虽云火热所致，但阴阳气血津液，均为灼耗，而成消瘦之证"。

（二）辨证施治

1. 阴虚型

证候：血糖升高，自觉定状可见口干、乏力、易饥，夜尿多，大便结，形体多偏消瘦，舌偏红偏干，脉细弦或数。

治则：养阴清热，滋肾益脾。

基本方：川连5g，天花粉15g，葛根30g，地骨皮12g，桑椹子15g，黄肉12g，生地30g，怀山药30g，茯苓15g，麦冬15g，郁金9g。

临床应用加减：如患淮渴证病程长，久病入血，酌加丹参、红花、川芎、益母草、当归、赤芍等。便秘者加全瓜蒌、决明子；嘈杂者加石膏、知母；血压高加丹皮、桑寄生、牛膝；头昏目花者加白菊花、决明子；气虚者加黄芪、党参；夹湿者暂去生地、黄肉、麦冬等，加苍术、米仁、佩兰、陈皮、川厚朴；如并发疮疖者，加川连、野菊、银花、蚤休、紫花地丁等。

2. 阴阳两虚型

证候：口干不多饮，夜尿多，头昏目花，消瘦乏力，腰酸，阳痿，畏冷，舌质淡，脉细。

治则：滋阴补肾。

基本方：生、熟地各15g，麦冬15g，黄肉12g，桑椹子15g，五味子6g，怀山药30g，制巴戟12g，炙黄芪15g，党参15g。

临床应用加减：阳虚甚者，加淡附片；肢冷不暖者，加桂枝；阳虚水肿者，加猪苓、茯苓、泽泻；心烦者，加川连、龙齿；肾虚腰痛者，加牛膝、川断、桑寄生；脾虚泄泻者，加白术，加重怀山药用量。

（三）治疗要点

杨老认为，治疗消渴疾不能只为滋补肾阴，应重视结合消渴病的现代病理机制以及现代医学诊断指标，充分考虑到消渴病患者胰岛功能下降、微循环障碍以及神经系统的病变。其中，胰岛素的分泌功能紊乱与肝的疏泄失常有着密切的关系，血瘀、肝气郁结又使得消渴病出现微循环障碍及神经系统病变。在诊治过程中，把握消渴病的病变规律和临床特点，应把疏肝活血贯穿始终。

1. 疏肝理气化浊

在治疗消渴病过程中，杨老发现现代消渴患者多生活富裕，饮食不节，喜食肥甘，久则易致痰湿内生而壅遏中土，土壅木郁，木郁不达则化火，日久伤阴。另外因消渴病多病程长，病情缠绵，非朝夕可愈，长期过度的精神刺激，郁怒伤肝，肝气郁结，郁久化火，火热炽盛，上灼胃津，下耗肾液，加之肝之疏泄太过，肾之闭藏失司，则火炎于上，津液泄于下，三多之症随之而起。杨老认为不论涉及何脏，肝之病理变化总是斡旋其间，消渴病与肝有不可分割的联系。而现代医学亦认为，肝是机体糖、蛋白质、脂类、维生素等物质代谢必不可少的器官。肝存在许多物质代谢所必需的关键酶及其组成成分。尤其是糖代谢，肝既是释放、利用葡萄糖的场所，又是储藏葡萄糖的重要场所，被誉为人体的"血糖双相调节室"。有鉴于此，肝郁为消渴病的主要病因病机之一，且当今消渴患者多有过食膏粱厚味、辛辣煎炒之品，故遣方用药常以疏肝理气化浊为主，亦即"疏肝达脾"，多用莱菔子、枳壳、川朴疏肝理气化浊，郁金、佛手、合欢皮、陈皮、夜交藤、白芍等调畅肝气；而唯独少用传统疏肝药物升麻、柴胡。杨氏认为"肝体阴而用阳"，肝肾同源，消渴患者年龄一般都偏大，脏腑精气衰减，以本虚为主，不耐柴胡、升麻等升发耗津之品，恐其耗伤肝阴。同时劝告患者怡悦心志，注意精神调适。

2. 活血化瘀通络

消渴病作为慢性疾病，因虚至极导致脏腑受损或消渴并发症阶段后期，或因久病入络，络瘀脉损而成，表现为络瘀脉损，络瘀即相当于现代病理的微血管病变，脉损即大血管病变，具体为：瘀阻心脉、阻滞脑之络脉，表现为头晕目眩、语言不利、半身不遂；瘀血阻滞经脉，表现为手足麻木疼痛、肌肤不仁或口眼歪斜；瘀血阻滞眼之脉络，可见眼花目眩，视物昏蒙或云雾遮睛、视力减退。清代唐容川在《血证论·发渴》述："瘀血发渴者，以津之主，其根出于肾水……有瘀血则气为血阻，不得水升，水津因不能随气上布。"《医林改错》谓："元气即虚，必不能达于血管，血管无气，必停留而瘀。"可见瘀血是导致消渴病及其并发症发生的主要病因病理。现代研究也表明，消渴病络瘀脉损患者绝大部分有凝、黏、聚、浓等血液流变学变

化。杨老认为，瘀血证候临床十分常见，消渴病并发有高血压、脑血管病变、冠心病、视网膜病变、末梢神经炎等普遍存在瘀血病机，故治疗应据证立法，提高疗效。即使在消渴病前中期瘀血尚未形成亦当"疏其气血，令其调达"，防患于未然。故活血化瘀通络应该贯穿于治疗始终，广泛运用于消渴病，以及血管、神经并发症的防治上。同时，杨老认为活血通络并非一味破血逐瘀，应充分顾及消渴病发病根本是阴虚燥热。活血化瘀亦应强调辨证论治，血热致瘀应凉血活血，气虚所致应益气活血，气滞血瘀则理气活血，随证治之。杨老临床多用王不留行、鬼箭羽、虎杖根、当归、路路通、鸡血藤、丹参、赤芍、桃仁、红花等活血不伤正兼养血之品，"以防温燥伤阴，而达水增舟行之目的"。

（四）转归预后

消渴病位在肺、脾（胃）、肾，常波及心、脑、眼等脏腑组织。早期以阴虚燥热开始，常无典型表现，或症状较轻；病程日久，可导致阴损及阳，而形成阴阳两虚，并有各种变证出现，如心悸、胸痹、雀目、痈疽、水肿、四肢麻木、中风偏枯等。最后可因"脾胃气败，肾气大绝"而反见溲少不食、烦躁不安，甚或"阴阳离决，精气乃绝"而昏迷、死亡。

消渴的预后，虽病初即见阴虚内热、虚实夹杂之证，但因未损及多种脏腑，一般易治，预后良好；病久多脏腑受损，阴阳气血俱虚，变证从生，复杂难治，预后较差。因此，在治疗上，杨氏主张应积极地通过养阴清热、益气补肾、调整阴阳等法以阻止病情的恶性循环，控制病情的发展。

二、气血津液病证案例

医案1 黎某，男，45岁。主诉：多饮多尿2年。

病史：2年前，体检发现血糖升高，以后多次复查血糖：空腹血糖最高时达16.8mmol/L。服甲苯磺丁脲（D860），空腹血糖控制在7.28～7.84mmol/L，但口干之症仍存，夜尿多。诊查：舌质红，苔薄白，脉细。

西医诊断：糖尿病。

中医诊断：消渴（肺肾阴亏）。

辨证：素体阴亏，阴虚内热，热淫津涸，口渴引饮；肾阴不足，肾气失固则尿频量多。

治则：清热生津，滋阴补肾。

处方：川连4g，天花粉12g，麦冬15g，葛根20g，大生地18g，萸肉10g，怀山药30g，炒桑椹子18g，茯苓15g，泽泻15g。10剂。

嘱平时可进食茯苓粉、怀山药粉、黄豆粉合做成饼，忌辛辣刺激之品、膏粱厚味。

按 杨老认为，消渴之证虽分上、中、下三消，但临床多兼而有之，其病机阴虚热淫。本例以上、下消为主证，治疗则以益肺肾之阴为主，兼顾清胃。治消渴，桑椹子、萸肉、川连3味为其要药。因三消之治，不必专执本经，但滋其化源，清其燥热，从整体上制约阴虚与燥热这对互为因果的矛盾。

医案2 黄某，男，74岁。主诉：时感口干、多尿3年。
病史：近3年时感口干、多尿，检查空腹血糖均偏高。消食善饥之症不明显。诊查：形体偏瘦，舌质红、苔薄白，脉细弦。
西医诊断：糖尿病。
中医诊断：消渴（肾阴虚，脾气弱）。
辨证：年逾古稀，脏腑功能减弱，津液精血皆日趋减少，渐致肾阴亏损，脾气虚弱，气虚液少，血液易凝滞不畅，老年久病多瘀虚。
治则：养阴益肾、健脾补气，兼以活血运滞、生津止渴。
处方：大生地18g，麦冬（炒）15g，桑椹子15g，川石斛30g，萸肉9g，怀山药30g，太子参30g，茯苓15g，丹参30g，赤芍12g，川芎10g，葛根15g。14剂。

二诊：服上药后口干好转，人有精神，上方去石斛、赤芍，加川连4g，郁金12g，桑椹子改为18g，川芎改为12g。续服7剂。

按 进入老年后，各脏腑功能减弱，腺体分泌减少，老年糖尿病并不少见。《石室秘录》云："消渴之证虽分上、中、下，而肾虚以致渴，则无不同也。故治消之法，以治肾为主，不必问其上、中、下之消也。"杨老对此病治疗所见略同。且老年人气血阴阳均有不同程度的虚损，本例气虚，血行欠畅，辅之以益气健脾，活血行瘀。综观方药，集润肺清胃、养阴增液、补肾活血于一体，正是针对临床症状掺杂、病因病机交错等诸多因素而考虑的。

医案3 徐某，男，60岁。主诉：逐渐消瘦伴乏力2年，疲乏加重2个月。
病史：近2年来，患者逐渐消瘦，身感乏力。检查空腹血糖15.4mmol/L，

但"三多"症状不明显。曾用格列齐特、格列吡嗪治疗，血糖控制不理想。目前用胰岛素每日24单位（1单位=0.0345mg），血糖尚在11.8mmol/L水平，结合中药治疗，用六味地黄丸后大便烂，用香砂六君丸又感口燥。两药合用，因吞入丸药量太多，胃脘部感到不适而停服。2个月来，全身乏力明显。

西医诊断：糖尿病。

中医诊断：消渴（中消）。

辨证：胃阴不足，脾失健运。胃阴虚则生内热，精微损耗太过，人体消瘦；脾气虚则不能为胃行其津液，四肢不得禀水谷之气，肌肉无以充养，四肢倦怠乏力。

治则：益气养阴，清胃健脾。

处方：生黄芪30g，怀山药30g，太子参30g，桑椹子15g，黄肉9g，天花粉12g，黄连3g，茯苓30g，葛根30g，五味子6g，陈皮9g。7剂。

后又续7剂。大便不烂已成形，精神转好，寐况亦可。

按 本例糖尿病气阴不足，偏于气虚。脾主四肢、肌肉，因脾虚，肌肉无以充养而乏力，精微不能荣养周身则消瘦。曾用养阴药易便烂，用益气药却口燥，治当予气阴双顾。然其又以气虚为主，故方中健脾益气药均用30g，并在养阴之中兼升清、合酸敛，以防脾虚滑脱之虑。

医案4 王某，男，71岁。主诉：胃脘部有烧灼感时作半年。

病史：患糖尿病数年，空腹血糖为10.64mmol/L，平时服格列齐特80mg/d，尿糖（+++）。以往"三多"症状不明显，近半年常感胃脘部有烧灼感。诊查：中脘有热灼感，口干，舌红，苔薄白，脉细弦。尿糖（+++），血糖为10.64mmol/L。

西医诊断：2型糖尿病。

中医诊断：消渴（中消、胃热）。

辨证：素体阴虚，脾胃积热，胃火炽盛，灼伤津液。

治则：清胃增液，养阴活血。

处方：黄连4g，川石斛30g，麦冬15g，蒲公英30g，桑椹子18g，葛根20g，天花粉12g，怀山药30g，茯苓18g，郁金12g，乌贼骨30g，丹参30g。7剂。

二诊：口干好转，胃中灼热感亦减，舌质红，苔薄，脉细弦。上方去石斛、茯苓、郁金，加黄芪15g，决明子20g，炒枳壳12g，炒陈皮9g。7剂。

三诊：诸症好转，复查尿糖（＋）。上方改黄芪为30g。续7剂。

按 杨氏认为，消渴患者虽三消不一定俱备，但均以阴虚燥热为主，三消各有侧重。久病或老年常有气阴两虚。故在胃热之症改善之时，即加黄芪以益气，症状好转，又加重黄芪剂量，予以气阴并顾。

医案5 王某，女，70岁。主诉：因多饮多尿消瘦2年，加重3个月而入院。

病史：2年前患者感口干欲饮，约1年间体重下降了约20kg，血糖为7.22mmol/L。3个月前体检，发现空腹血糖为12.82mmol/L。未作正规治疗，曾服过养阴降糖片。入院时空腹血糖为10.53mol/L。住院期间饮食控制治疗，空腹血糖为10.98mmol/L。用格列齐特80mg，每日2次，空腹血糖降至6.7mmol/L，"三多"症状仍较明显。胃镜检查示：十二指肠球部炎，慢性浅表性胃炎伴糜烂。病理切片示：胃窦部黏膜慢性浅表性胃炎（活动期）伴糜烂。心电图示：窦性心动过缓，低电压，异常Q波。B超示：肝胆未见异常。以往有慢性胆囊炎、慢性萎缩性胃炎、冠心病史。诊查：形体瘦弱，口干多饮、善饮，多尿，时有心悸、乏力，胃脘部不适隐痛，舌质红，苔薄白，脉细。

西医诊断：1型糖尿病；冠心病，心功能Ⅱ级；慢性萎缩性胃炎。

中医诊断：消渴（阴亏津涸）；心悸（气阴不足）；胃脘痛（胃热阴亏）。

辨证：素体阴亏，五脏柔弱，进入老年期后，五液趋涸致人体干枯；肺燥胃热，心肾亏虚，肾精不足，精不藏气，则气弱形羸。

治则：养阴润肺，清胃生津，滋肾补气。

处方：大生地15g，麦冬15g，黄连5g，川石斛30g，桑椹子18g，萸肉9g，怀山药30g，生黄芪20g，桑白皮12g，葛根30g，炒陈皮9g，茯苓15g。5剂。

二诊：复查空腹血糖为5.4mmol/L。服用上药后，口干、尿多症状亦有改善；舌红边紫暗，苔黄厚腻，上方去生地、麦冬、萸肉、黄芪、陈皮，加丹参30g，川朴12g，全瓜蒌12g，太子参30g，地骨皮12g，制首乌12g，黄连改为6g，茯苓改为30g。5剂。

三诊：复查血糖为5.4mmol/L，大便干结，数日一解，药后大便通畅。

处方：太子参30g，黄芪15g，全瓜蒌12g，枳壳12g，川朴9g，葛根15g，丹参30g，决明子30g，炒桑椹子18g，川石斛30g，怀山药30g。

按 本例患者年已古稀，五脏功能俱日趋衰退，气阴不足，津液暗耗。

冠心病、糖尿病、萎缩性胃炎皆属老年病，而其一应俱全。杨老根据病人糖尿病证状最为突出，阴虚为主，肾虚胃热为主要方面，予以养阴清胃，佐以益气活血之法控制了糖尿病证状与血糖。期间出现便秘、胸闷等夹痰浊之症，又在原方基础上佐入理气活血、宽胸涤痰、润肠通便之品。然化浊理气不伤阴，且中病即止，症状一经控制，转以滋养清润，补益气阴。治病中抓住其本质方面，余症灵活加减，而又百变不离其宗，正是杨老用药稳准、左右逢源的特点之一。

附"养阴降糖片"——消渴之经验方

糖尿病是由人体内糖代谢障碍而引起的内分泌疾病，中医学属"消渴"范畴。其主要表现为气阴两虚、阴虚火旺及兼有夹瘀等型。"养阴降糖片"是杨继荪主任医师根据中医传统理论缜密组方，经科学方法精制而成的治疗糖尿病的有效药，主要原料为黄芪、党参、枸杞、川芎、葛根、玄参、地黄。其中地黄、枸杞、葛根养阴生津、止渴；黄芪、党参益气补肺、健脾；川芎、玄参，活血化瘀、清热。诸药合用具有养阴益气、清热活血的作用，能显著改善糖尿病患者的临床症状，降低空腹血糖。一般糖尿病人每日服3次，每次8片，3个月为1个疗程。临床治疗105例糖尿病患者，总有效率为74.29%。大多数患者的"三多"症状消失或明显好转，空腹血糖平均值由治疗前的12mmol/L降至治疗后的9mmol/L，平均下降2.95mmol/L。使用中未见任何副反应。

第六节　养生调摄，调节阴阳

健康长寿是人类追求的目标。经过千百年的探索和积累，中医学在延缓衰老、强身养生等方面已有了一系列比较完整的理论和相当丰富的经验。杨老在这一方面也有很深的造诣。

一、衰老的形、神表现及生理病理特点

人到老年，机体生理自然老化，可出现各种不同程度的衰老征象和退行性改变。

（一）形体改变

《素问·上古天真论》说："七八……天癸竭，精少，肾脏衰，形体皆

极。八八，则齿发去。"说明人进入老年期后，精气逐渐虚衰，容颜及形体会发生改变。老年人由于"津"不能内及脏腑，外至皮毛，以"温分肉，充皮肤"，而出现毛发稀淡、皮下脂肪减少、皮肤弹性减退；"液"不能注入骨节，髓海无以濡润空窍，填精补髓则出现耳鸣、牙齿松落、骨质疏松、骨关节退行性病变及记忆力减退、感觉迟钝等现象。

（二）阴阳失衡

在正常的生理状态下，人体的阴阳始终维系着"阴平阳秘"的动态平衡关系。正如《素问·上古天真论》说："和于阴阳……此盖益其寿命而强者也。"然而，人的年龄一旦跨入中年以后，每易出现阴阳失衡。《素问·阴阳应象大论》说："年过四十，阴气自半也，起居衰矣。"《千金翼方·养老大例》说："人五十以上，阳气日衰，损与日至，心力渐退，忘前失后，兴居怠惰。"这说明人体阴阳失去平衡，任何一方的衰退，均可促进衰老。故《素问·生气通天论》谓："阳气者若天与日，失其所则折寿而不彰。"

（三）脏腑虚损

人体的衰老过程亦即脏腑功能的衰退、老化过程，在《灵枢·天年》中有较为详尽的描述："五十岁，肝气始衰，肝叶始薄，胆汁始灭，目始不明；六十岁，心气始衰，善忧悲，血气懈惰，故好卧；七十岁，脾气虚，皮肤始枯，故四肢不举；八十岁，肺气衰，魄离，故言善误；九十岁，肾气焦，四脏经脉空虚；百岁，五脏皆虚，神气皆去，形骸独居而终矣。"然而在病理状态下，有"其不能终寿而死者……其五脏皆不坚"。

（四）精血亏虚

元代朱丹溪谓："人生至六十七十以后，精血俱耗。""疾以蜂起，气耗血竭。"说明无论是人体正常的衰老过程，或是由于阴阳不能相济引起的阴阳失衡及精气不能互生导致的五脏虚损，皆可使人体出现精、液、气、血的亏耗。而精血不足、气液耗损是导致衰老的根本原因。《景岳全书》说："精盛则阳强。""阳强则寿，阳衰则夭。"叶天士亦说："高年下焦根蒂已虚""高年水亏""高年气血皆虚"。

因此，老年人体衰多病，主要是因为气血阴阳、脏腑功能的渐趋衰退，气化不利，血行欠畅，正气不足以达邪，一些病理产物如痰浊饮湿、瘀血等往往容易蓄积于体内，呈现正虚邪实、虚实夹杂的状态，造成多种病证的相继出现。故老年病常有"多瘀""多痰"之说。

二、调养抗衰，保健强身

中医学认为，要延缓衰老，必须重视脏腑功能的调养，同时调节好饮食起居和情绪。

（一）药物调摄

老年人的阴阳、气血以及五脏之虚损，是引起衰老和慢性疾病的病理基础，但是由于这种病理基础是日积月累逐渐形成的，故补阴阳、调气血、疗五脏亦当从本缓图，毋太过与不及。

1. 补阴阳

明代张景岳提出："善补阳者，必于阴中求阳，则阳得阴助而生化无穷；善补阴者，必于阳中求阴，则阴得阳升，而泉源不竭。"因此，补阴时不忘助阳，以防"阴损及阳"，补阳时不忘滋阴，以利"阴生阳长"。

《素问·四气调神论》说："春夏养阳，秋冬养阴，以从其根。"老年支气管炎、哮喘患者"冬病夏治"就是春夏养阳，扶助正气，增强体质，以防御冬冷风寒外邪的侵袭。亦即取《黄帝内经》所谓"邪之所凑，其气必虚""正气存内，邪不可干"之意也。《黄帝内经》有"冬三月为蛰藏，春三月为发陈"的理论。中医"冬令进补"就是期待来春发陈以使体力增强，精力充沛。

2. 调气血

老年人的生理性退化、衰老，与气血不足密切相关。本着"虚则补之，损则益之"，"形不足者，温之以气；精不足者，补之以味"的治疗原则补益气血，同时还当注重调气行血。张景岳云："气之在人，和则为正气，不和则为邪气。"朱氏《丹溪心法·六郁》亦云："气血冲和，万病不生。"故老年人补气血宜补中有疏，气血调畅则能"灌溉经络，长养百骸"，使肌肉、皮毛、筋骨等组织器官得以濡养而延缓衰老。

3. 疗五脏

根据《黄帝内经》"肾为先天之本"及"脾胃为后天之本"之说，补肾益脾乃成为防治老年病之大法。《医贯》中说："五脏之真，唯肾为根。"在老年五脏虚损中，起决定作用的亦属肾气的虚损。张景岳曾曰："先天强厚者多寿，先天薄弱者多夭。"《医学心悟》指出："肾元衰则寿夭。"均强调了肾气损伤对人体衰老夭折的影响。现代医学实验研究亦揭示：肾气虚衰患者，多数免疫功能相应低下，而通过补肾方法可以提高机体的免疫功能。对于肾虚所表现的"水亏其源"之阴虚证和"火衰其本"之阳虚证，其调治多从肾着手，偏肾阳虚者可选用鹿角片、肉苁蓉、巴戟天、补骨脂、淫羊藿、仙茅等；偏肾阴虚者可选用生熟地、制首乌、枸杞、制女贞、玄参、桑椹子等。肾阴肾阳俱虚者，可根据具体情况分别选用。

李东垣有"内伤脾胃、百病由生"之说，这与老年人由于胃肠功能紊乱而影响全身情况，引起整体虚弱是相一致的。脾胃为气血生化之源，年老脾弱，津液精微生化障碍，后天充养不足，致使各脏日趋虚损，出现形体消瘦，苍老憔悴。故此，调补五脏尤应重视脾胃。调补脾胃药一般选用潞党参、茯苓、炒白术、炒扁豆、炒米仁、怀山药、制玉竹、红枣等，如消化力弱可佐山楂、神曲、鸡内金、陈皮等以补疏并施。

在老年人的药物调摄之中，既要重视体质因素，又要注重药物剂量。朱丹溪《局方发挥》中说："血气有深浅，形志有苦乐……年有老弱，治有五方，令有四时。""君臣佐使，合是数者，计较分毫，议方治疗，贵乎适中。"徐灵胎在《医学源流论》中亦提出："天下有同此一病，而治此则效，治彼则不效……则以病同而人异也……年龄有老少，奉养有膏粱藜藿之殊，心境有忧劳和乐之别……一概施治，则病情虽中，而于人之体质迥乎相反。"这就体现了中医辨证施治的灵活性。

（二）饮食起居

《素问·上古天真论》云："上古之人……食饮有节，起居有常，不妄作劳，故能形与神俱，而尽终其天年，度百岁乃去。"说明调节饮食、顾护胃气、起居规律而有常度均有望达到健康长寿之目的。

老年人饮食应在保证机体需要的基础上作适当的控制。不可暴饮暴食，不可过食膏粱厚味、辛辣生冷，以免伤胃气。饮食调养则按不同情况因人而异，如热病初愈，消化功能薄弱，食宜清淡。若老人体衰食欲不振或腹胀便溏等，宜先调脾胃，不能随意进补。平时调养，例如，脾胃疾病常选米仁、山药、扁豆、红枣等；肺胃燥热可选藕粉、百合、鸭梨、白木耳等；心脏疾患则选枸杞、桂圆、莲子、山楂等；老年糖尿病，饮食控制更为关键，可选黄豆、赤豆等豆类制品，及山药、萝卜、桑椹子、红枣等等。朱丹溪说："非善调摄者，不能保全。""自养则病乃安。"所以，饮食有节，起居有度，重在自我调养。

（三）情志劳逸

故人云："怒伤肝，喜伤心，忧伤肺，思伤脾，恐伤肾。"指出了情志的违和，亦属致病因素。情志之伤，常碍及脏腑的功能，使气机失调，血行失畅，影响人体的健康。因而，老人宜保持良好的心理状态，使气机畅行，血脉调和，达到寿登大颐。此外，老年人的活动，力争做到动静结合。华佗创造了"五禽之戏"，意在"引挽腰体，动诸关节，以求难老"。又论及："人体欲得劳动，但不当使及耳。"故运动锻炼和养精蓄锐均是长寿的重要保证。同时，应协调体力劳动与脑力劳动之间的关系，这对保持健康的体魄与维护老人的智力有着不可低估的作用。

总之，延缓衰老是综合性的，益寿保健是多方面的。饮食、起居、情志、运动、气功、药物等各种措施，必须根据每位老人不同的机体状况来决定，以多种方法结合调理，持之以恒，乐此不疲，定能保持"阴平阳秘，精神乃治"的健康佳境，达到防病抗衰与延年益寿之目的。

三、四季调摄与膏滋进补

中医学注重"人与天地相参"的整体观念。杨老十分强调时令节气对人体的影响，根据四季主气的不同，提出了各季疾病的防治及养生、调摄的方法。尤其是冬日的膏滋进补，以辨证调治、虚瘀并理于缓缓微调之中，是他用于增强机体抵抗力、减少发病机会、保健强身、延缓衰老的常用特色疗法之一。

（一）春日病温早防治

春天，气候转暖，使万物有了生机，但也是各种疾病，尤其是传染病的多发季节。中医认为，春季阳气升发，主气为风，每易感受风热病邪，其所致的外感热病称之为风温，如流行性感冒、急性支气管炎、大叶性肺炎等；对春季因感受温热病邪所引起的高热、烦渴等以里证为主要特征的急性热病，则称为春温，如重型流感、流行性脑脊髓膜炎等。

风温与春温的各种疾病大多具有不同程度的传染性，并以发病急、传变快、来势较猛为特点，病程中容易化燥伤阴、内陷生变，甚至出现神昏谵语或昏聩不语以及斑疹惊厥等证，有些还会留下如瘫痪、精神障碍等后遗症。不过大部分病人因早期治疗、治疗得法，大多病程经过顺利，病邪消退亦快。故要避免此类疾病的发生与发展，关键还在于尽早防治。防治的措施主要有以下两个方面。

1. 无病先防

"虚邪贼风，避之有时"。中医历来提倡"治未病"，乐于采用防御外邪侵袭与扶助体内正气两者并举的防病方法。春季病温，从其发病类型上看，有"伏邪"和"新感"两类。前一种是因冬令收藏未固，受寒邪后不立即得病，至春伏气化热而病，即中医经典医著《黄帝内经》中所论述的"冬伤于寒，春必病温"的伏邪温病；后一种是因春令太热，外受时邪，感而即发，为明代医家汪石山所提出"不因冬月伤寒"的新感时病。其可见春日病温，其发病因素与冬、春季均相关联，故预防工作也应从冬、春两季着手。冬季应注重培本，例如积极的冬季锻炼和冬季进补都能起到增强体质、提高抗病能力等培本作用，从而减少春天的发病机会。春季则应重视预防疾病。

还要注意调寒暖、讲卫生。过寒过暖对人体均属不宜。春季，尤其是冬春之交与初春时节，气候寒暖交错，乍寒乍暖，温差很大。对于寒暖失常的气候，老年人应适时地增减衣物，勿令太过与不及。温病可通过口鼻等多种途径在人群中传播，"邪之所着，有天受，有传染"。"天受"指空气传播，"传染"指接触感染。春季外出机会增多，更应注意个人和公共卫生。

2. 既病防变

未病先防、既病防变是中医防治疾病的指导原则，强调早期治疗、防微杜渐的重要性。为了防止疾病的发展和传变，罹患各类外感热病的患者，应及早治疗，在医生的辨证施治下，有望获得更快、更好的疗效。

（二）暑夏之季话养生

一年四季，由于气候时节不同，与其相适应之养生保健内容亦各有侧重。暑夏之季，按五行学说分类，归属于五行中之火、土，五气中之暑、湿。暑乃夏天之主气，其性炎热、升散，易耗气伤津。在江南水乡暑令夏季，除气候炎热外，雨量亦较充沛，以至天暑下逼，地湿上蒸，暑热既盛，湿气亦重，从而形成了暑多夹湿的特点。因此，夏日养生就应当充分考虑这些因素。

夏季，老年人要尽可能地避免和减少酷暑烈日直射人体所造成的伤害。服装拟选透气凉爽的蚕丝织物，款式也应简洁宽松，以利于体温调节。居住与工作的环境要保持通风干燥，以求清凉，晚间则不宜贪凉露宿。空调房间的室温不宜过低，清晨应及时开窗更换新鲜空气。同时，要增强体质，扶助

正气，提高人体对暴热、高温、久晴、淫雨等气候异常变化的适应能力。

调整身体功能状态的养生方法颇多，在夏令期间常用的是以清火消暑、益气养阴和醒脾除湿，但也要因人而异。区别体质因素，不仅要凭借各人先天禀赋的异同，还应顾及某些人由于多方面原因引起的某阶段兼夹因素。对体质和兼夹因素的评判应由中医师根据其舌质、舌苔、脉象及各脏腑功能状态的盛衰而做出，从而采取相应的调理措施。如饮食调理，一般素体阴虚或气阴不足者，暑令常用兼有清火消暑作用的凉润食品，如西瓜、冬瓜、绿豆、百合、白木耳等，益气养阴生津的西洋参、生晒参、太子参等，其中西洋参偏于清火养胃生津，后两味偏于益气养阴生津；对于脾虚夹湿者，通常选用兼有健脾除湿作用的食品，如白扁豆、米仁、山药、莲子、赤豆等。若出现明显的口渴喜饮、心烦闷乱、汗出过多、小便短赤、舌红少苔等耗气伤津症状，或表现出显而易见的肢体困倦、食欲不振、胸闷呕恶、大便溏薄、小便短少、脉濡苔腻等脾湿内困征象时，应及时运用中医中药辨证施治，合理调整阴阳平衡，勿使太过与不及。

（三）秋月燥胜宜濡润

秋承夏后，主气为燥。燥属"六淫"之一，其性干燥而最易伤津。中医理论曰："燥甚则干。"秋伤于燥者，无不以机体津液亏耗为主证，出现如咽干、鼻燥、皮肤干枯皲裂、毛发不荣、大便干结、小便短少或咳嗽少痰、无痰、苔干等症状。故前人责之"诸涩枯涸，干劲皲裂，皆属于燥"。

因燥邪淫胜所发之病称谓燥病。有内、外（包括凉、温）之分，亦有上、中、下之别。内燥是指机体内阴津耗损而出现的津亏血燥之证，常因热病后期伤津、失血失水过多或久病精血暗夺、营养障碍所致。外燥则是我们一般所说的秋燥，其特点为有明显的季节性，是于秋季感受外界燥邪而发生的疾病，且必伴口、鼻、咽、唇等津气干燥见证。在外燥证中又因感受秋凉燥气或秋天亢旱燥气的不同而分为凉燥与温燥。大凡立秋以后，湿气去而燥气来，初秋尚热，则燥而热；深秋既凉，则燥而凉。但若天气晴暖，秋阳以曝，虽秋分以后，仍反温燥多于凉燥。浙江省夏雨充沛，初秋时节凉意习习，反至深秋气温晴燥暖和，故应根据气候、地理环境灵活辨别。另外在辨燥过程中还有上、中、下之异，是以燥邪由上而下所伤部位的不同而区分。随之也就有初、中、末三期治气、增液、治血三大法之别。因而前人对此亦深有感叹："六气之中，唯燥气难明。"然千变万化，治燥总则为一条"燥者润之"。

燥胜必用润，且以柔润濡养为宜，最忌苦燥。了解这些治疗原则，对秋令防病、养生保健不无益处。因秋燥所病虽轻浅，若不合理调治，病邪亦可由上而下、由表入里，竭津耗阴，劫烁体液。所以要及早防治。如燥邪伤及肺卫，即秋季上感、支气管炎，可辨证酌用桑杏、银翘类；燥热化火、灼烁肺阴则以清燥救肺；燥热传入阳明，大肠失于濡润出现便秘腹胀者，更应采取肃肺润肠或滋阴通下等方法治疗。平时可多食用一些梨、藕、百合、木耳等菜果，必要时可选用沙参、麦冬、生地、石斛、枸杞、首乌、玉竹、女贞子、西洋参、蜂蜜等药品滋养濡润机体。

（四）冬令滋补春发陈

中医学在防病强身、延缓衰老等方面积累了丰富的经验。其中用于"冬令调补"的膏滋药便是颇有特色的一种。膏滋药尤其适宜中老年人及体弱多病者。人一旦跨入中年，就易出现阴阳失衡。古典医籍有"年四十而阴气自半，起居衰矣"，"人年五十以上，阳气日衰，损与日增，心力渐退，忘前失后，兴居怠情"之论述。说明人体阴阳失去平衡，任何一方的减退，均显示衰老。倘若疾病缠身，体内的病理代谢产物如痰浊、血瘀等则可相互作祟，导致人体津液不布、脏腑虚损、经脉失养、毛发失荣、机体日益衰颓。故前贤名医张景岳曾提出："人于中年左右当大为修理一番，则再振根基，尚余强半。"膏滋药就是以阴阳失衡为衰老的主要病机，气血亏耗为衰老的必然结果，痰浊血瘀为衰老过程的催化剂等方面着眼，按各人身体禀赋不同，在辨证基础上予以补阴阳、调气血、疗五脏。即防病治病，又滋补身体，由多种药物配伍组合，经传统特色加工，再合以选择不同功效的阿胶、霞天胶、黄明胶、龟板胶、鹿角胶等熔化，煎熬成膏。在冬至前后至立春这段进补培本的最好时机中连续服用，缓缓微调，寓补于调摄之中。意在"冬蛰藏""春发陈"。冬令进补期待来春发新，使旧枝发新芽，体力增强，精力充沛。

经过对近些年来服用冬令膏滋药人群的初步调查，发现多能在来年收益，且有连年服用，逐年强身之趋势。以往患有疾病的，能减少发病次数，缩短发病时间，缓和发病程度；以往无明显病证的则能以更饱满的精神从事各项工作。随着人们生活水平的提高，作为保健养生、延缓衰老手段之一的膏滋药，已越来越受到人们的青睐。

四、养生调摄病证案例

医案1 孙某，男，76岁。初诊：1991年10月30日。主诉：反复胸闷气憋3年。

病史：患者近3年来有反复胸闷、气憋。体检发现有心律不齐。动态心电图提示有室性期前收缩。血总胆固醇为7.28mmol/L，三酰甘油1.21mmol/L。心电图示T波低平、双向、倒置，劳累后多发，服硝酸甘油片能缓解，平时常服硝酸异山梨酯、双嘧达莫。未用过抗心律失常药。时有胃脘部疼痛，曾作B超，示胆囊结石，有隐性糖尿病史及前列腺肥大史。诊查：时胸闷气憋，脘腹疼痛，胃纳可，大便正常，耳鸣，寐欠佳，舌质红，舌下瘀筋不明显，脉细。

西医诊断：冠心病（心肌供血不足）；胆囊炎胆石症；隐性糖尿病；慢性胃炎。

中医诊断：虚劳（心肾精血不足）。

辨证：年事已高，劳倦内伤，气阴不足，精血暗耗，心肾亏虚，气滞血瘀。

治则：益气阴，养精血，宁心神，行瘀滞。

膏方：党参200g，黄芪150g，麦门冬120g，五味子60g，生熟地各120g，制黄精200g，制首乌120g，萸肉100g，枸杞120g，炒枣仁100g，炒杜仲150g，制远志60g，紫丹参200g，广郁金120g，川芎90g，红花90g，炒白术100g，泽泻120g，炒新会皮90g，生楂肉120g，红枣100g。

阿胶200g先炖烊，冰糖200g收膏入。

另配小苏合香丸2瓶备用，必要时服，每次2粒。

按 膏滋药是传统用以培本补虚、调摄阴阳的一种有效防病养生治病形式，多于冬至起至立春前一段时间服用。患者途径杭州索方备用。杨老以益气养血、宁神活血之法缓图。

医案2 田某，女，68岁。初诊：1991年10月30日。主诉：反复头晕头昏3年。

病史：患者反复头晕头昏3年，有尿路感染史，第5、6颈椎骨质增生。眼底检查示：眼底动脉硬化Ⅱ度。自服曲克芦丁、复方丹参片、维生素类、首乌粉、杜仲泡煎等。症状仍存，请杨老诊治。诊查：头晕头昏、心烦易恼、寐差梦纷、手麻、便秘，舌质红，苔薄白，脉细弦。血压为128/83mmHg。

西医诊断：脑动脉硬化，供血不足。

中医诊断：眩晕。

辨证：气阴不足，虚阳上越，血行欠畅。

治则：益气养阴，镇潜活血。

处方：党参12g，枸杞12g，青龙齿20g，紫贝齿18g，白菊花9g，决明子20g，妙丹参18g，赤芍12g，葛根15g，炒柏子仁9g，猪苓15g，炒楂肉12g，炒新会皮9g。14剂。

二诊：服药后自感登楼时觉轻松，头昏、寐况、烦恼均有改善，大便亦不秘结。继以膏方调养。

膏方：党参250g，黄芪150g，炒当归120g，制首乌150g，枸杞120g，生熟地各120g，葛根150g，炒杜仲150g，炒丹参180g，炒柏子仁120g，川芎120g，白菊花90g，生楂肉120g，赤芍90g，制黄精150g，炒枣仁100g，紫贝齿150g，决明子150g，红枣100g，炒陈皮90g。

阿胶200g先炖，白糖200g，收膏入。

按 此例系脑动脉硬化、供血不足之眩晕，并有颈椎病，故眩晕时作，上肢麻木。又气虚易感，阴虚而津血不足，心烦、便秘。杨老以补益气阴、潜阳宁心、活血通络之法整体调治，培本治标，改善症状，且期达康复益寿之目的。杨老分析认为，本例心悸、眩晕，乃左（肝胆心）胜太过，右（肺脾肾）降无权，建议加强重镇药、清心除烦、息风潜降，经调治数诊，心悸心烦、头昏少寐之症蠲。同时杨氏注重活血通络药的应用，浊邪阻塞，血脉瘀滞，并予以"磁药颈枕"作颈部疗法。强调了内外治结合的行瘀通痹法，增强了疗效。

医案3 张某，男，80岁。膏方门诊：1991年12月2日。

病史：1982年行胃大部切除术（胃溃疡），术后体力渐复。有关节炎病史，遇阴雨天或天气变化时易作。适值冬令，欲调摄阴阳平衡。诊查：精神尚可，形体略显瘦长，刻下关节未痛，时感口干，舌质红，苔薄白，脉细。眠食均可。

西医诊断：胃溃疡术后。

中医诊断：虚劳。

辨证：气血偏虚，阴液不足。

治则：补益气血，滋阴养液。

处方：党参300g，黄芪300g，炒白术150g，炒当归100g，生、熟地各180g，枸杞120g，制黄精180g，制首乌150g，制玉竹150g，炒丹参300g，萸肉100g，麦门冬150g，生楂肉120g，炒陈皮100g，广木香90g，炒牛膝120g，炒桑椹子100g，红枣200g。

阿胶200g，冰糖300g，收膏入。

按 本例患者年过古稀时行胃大部切除术，老年气血复原缓慢，且现已年届耄耋，阴液更亏。"年过四十，阴气自半"。患者80岁高龄，阴分自显不足。冬主藏，为进膏滋最适宜时节，益气血，养阴液，培本养身，达延年益寿之目的。

医案4 铁某，男，75岁。膏方门诊：1991年12月2日。

病史：工作劳累偶有胸闷，有时咳嗽，胃纳可。心电图示：ST-T改变。血压130～140/90mmHg。冬令之际，欲予调治。诊查：精神可，形体略胖，偶胸闷、咳嗽、口干，纳可；大便日行2次，质中；舌质红，苔中略黄腻，脉细。

辨证：心脾两虚，气阴不足。

中医诊断：虚劳。

西医诊断：冠心病。

治则：益气健脾、养阴宁心，佐宽胸活血。

处方：黄芪300g，党参300g，炒白术200g，怀山药150g，制黄精200g，枸杞子150g，天、麦门冬各150g，益智仁90g，五味子80g，丹参350g，川芎90g，红花50g，葛根150g，炒杜仲180g，广木香90g，炒楂肉120g，炒陈皮90g，制远志60g，红枣150g。

阿胶200g，冰糖400g，收膏入。

按 劳倦虚烦，脏腑功能渐衰。心肺气虚，咳久伤脾，致心脾两虚。"虚者补之""损者益之""衰者彰之"为疗虚大法。杨老于补益之中理气活血，乃行中有补，补中有动，宁心神，健脾胃，行气活血，微调缓图。

医案5 张某，男，62岁。膏方门诊：1991年12月2日。

病史：有慢性萎缩性胃炎及慢性咽炎病史。饮食稍不慎易出现胃脘部不适，大便偏干，咽常干燥，音嘶，工作劳累易显腰酸乏力。入冬适于调治。请杨氏赐方进补。诊查：偶有干咳，音色欠扬，形体偏瘦，口干，胃脘部时不适，大便多干结，舌质红，苔薄少，脉细。

西医诊断：慢性萎缩性胃炎；慢性咽炎。

中医诊断：虚劳（气阴不足）。

辨证：气阴虚弱，精血不足，肺胃失养。

治则：益气血，养肝肾，补肺胃。

处方：党参250g，黄芪200g，炒当归150g，制首乌150g，大熟地180g，枸杞160g，麦门冬150g，炒桑椹子150g，萸肉100g，制黄精150g，制玉竹100g，炒白芍100g，炒狗脊150g，潼蒺藜120g，清炙甘草60g，炒白术150g，炒楂肉120g，炒陈皮100g，红枣150g。

驴皮胶200g，龟板胶200g，冰糖500g，收膏入。

按 患者素体气阴偏虚，咽为肺系，肺阴虚则虚火上炎，而常感咽部不适，甚至干咳。胃阴不足则受纳腐熟功能失司，胃肠干燥不润。脾胃为后天之本，气血生化之源，胃液亏少，碍及气血生化，致精少血虚，肝肾失养。故杨老予以益气血、养肝肾、补肺胃，整体调补，冀来春发陈。患者经几载调理，受益匪浅。

医案6 朱某，男，70岁。膏方门诊：1991年12月2日。

病史：因胃溃疡，去年2月行胃大部切除术。术后近两载，易反酸、呃逆，人体消瘦。当值冬令，恳请赐方调补。诊查：形体消瘦，平卧时易反酸，纳可，大便尚正常，舌质红，苔薄白，脉细。

西医诊断：胃大部切除术后。

中医诊断：呃逆，虚劳（气血不足）。

辨证：术后气血亏虚，胃逆失和。

治则：冬令调补当益气血，佐以和中降逆。

处方：党参200g，黄芪200g，炒白术120g，熟地120g，炒丹参150g，制黄精150g，怀山药100g，枸杞100g，麦冬120g，制玉竹150g，姜半夏100g，川连30g，吴茱萸20g，乌贼骨120g，广木香90g，煨肉果100g，葛根100g，炒陈皮90g，红枣150g，生姜片40g。

阿胶200g，黄明胶200g，冰糖500g，收膏入。

按 患者行胃大部切除术后，上失括约，主要分泌胃酸的胃窦部尚存。

因术后胃之体积缩小，故遇饮食不慎，平卧时胃酸易于上泛；又由于纳食减少，气血生化来源不足及创伤需复原修复而见形体消瘦。冬令之际，恰与标本并顾，调气血，降胃逆，调补缓图，促使逐渐康复。

医案7 沈某，男，54岁。膏方门诊：1991年12月4日。

病史：有冠心病及前列腺炎病史。反复心悸、胸闷，时有房性期前收缩。心电图：ST段改变，曾见T波低平。经常腹胀，大便不正常。冬令时节，欲调整修复，觅方调养。诊查：面色欠华，时心悸不宁，有期前收缩，双目干涩，腹部经常发胀，大便时干时烂，小溲欠畅，舌质红，苔薄黄，脉细。

西医诊断：冠心病；胃肠功能失调；前列腺炎。

中医诊断：心悸，虚劳（心脾两虚）。

辨证：心血不足，不能上荣于面，内濡心窍，肝血不足则目窍失养。脾运失司而腹胀，大便正常，脾虚气陷见少腹坠胀，尿滴沥。

治则：益气健脾，养血宁心。

处方：党参250g，黄芪200g，炒白术120g，熟地150g，丹参200g，制黄精150g，炒枣仁120g，枸杞120g，麦冬200g，五味子60g，制远志60g，广木香90g，煨益智仁100g，黄肉90g，制玉竹150g，炒枳壳100g，猪苓120g，泽泻150g，红枣150g。

阿胶200g，鹿角胶200g，冰糖500g，收膏入。

按 本例重在益气健脾，以资生血之源，而升下陷之气。兼以养血宁心，适入猪苓、泽泻利湿降浊，使清升浊降，诸窍得以荣养。

医案8 陈某，女，60岁。膏方门诊：1991年12月13日。

病史：有冠心病、高血压病及糖尿病史。时有心悸、胸闷，头晕头昏，大便秘结，皮肤瘙痒。际于冬令时分，欲予调补养身。诊查：疲劳后有心悸胸闷，寐况不佳，工作紧张时尤甚。测血压偏高（168/95mmHg），控制饮食可，血糖基本正常，全身皮肤均有瘙痒，遇热痒加剧，大便干结，数日一行，舌质红，苔薄白，脉细弦。

西医诊断：冠心病；原发性高血压；糖尿病。

中医诊断：心悸；眩晕。

辨证：气阴不足，心失所养，阴虚内热，阴血暗耗，血脉瘀阻，不能上荣诸窍。

治则：益气养阴，活血宁神，滋肾养肝。

处方：党参300g，黄芪300g，大生地200g，萸肉100g，制黄精150g，枸杞120g，郁金150g，制首乌200g，炒枣仁150g，丹参250g，川芎150g，桑寄生150g，决明子150g，白菊花150g，泽泻150g，炒枳壳120g，生楂肉120g，炒陈皮100g，炒杜仲150g，炒牛膝150g，红枣150g。

龟板胶200g，木糖醇250g，收膏入。

按 本例气虚不足，心失所养，肝肾阴虚，阴损及阳。故以大剂参、芪及丹参、郁金、川芎、牛膝等益气活血，与龟板胶、杞菊地黄等滋肾养肝为伍。并选寄生、杜仲既补肾阴肾阳，又具降压之功，兼以决明子、炒枣仁等清肝宁神。此膏方综合病人素体因素及病变涉及脏腑部位而辨证选方用药，配伍严谨，剂量多寡均经细酌，几载服用能使患者保持较旺盛的精力，从事繁忙紧张的工作。

医案9 黄某，男，48岁。膏方门诊：1991年12月11日。病史：患者年届中年，工作负担较重，无任何明确病史，只感疲劳。为能保持充沛精力欲予调摄阴阳平衡。诊查：精神可，舌质红，舌薄白，脉细弦。

中医诊断：虚劳（气阴偏虚）。

辨证：气阴偏虚，劳倦伤神。

治则：益气养阴，补心肾。

处方：黄芪300g，党参300g，丹参250g，制首乌150g，大生地150g，制黄精150g，枸杞120g，茯苓120g，楂肉150g，萸肉100g，葛根120g，泽泻150g，炒杜仲150g，炒陈皮100g，制玉竹150g，红枣100g。

阿胶200g，冰糖250g，收膏入。

按 冬令滋补，膏方调摄作为一种养生手段非一定有病者享用。中医有治未病的观点，当阴阳偏颇，先于调整，阴平阳秘，精神乃治。人到中年，必予修理一番，冬进补，来春精力更充沛，利于身体强健，工作干劲倍增。

医案10 袁某，男，49岁。膏方门诊：1991年12月10日。

病史：有胆囊炎病史。B超示：慢性胆囊炎、胆结石。血常规检查：血糖为4.5mmol/L，血总胆固醇为4.03mmol/L，三酰甘油为2.4mmol/L；肝功能：谷丙转氨酶正常。冬令之际，欲请赐方调治。诊查：右胁下时胀滞不

浙江中医临床名家·杨继荪

舒，口干，大便偏烂，舌边尖红，苔薄白，脉细弦。

西医诊断：慢性胆囊炎、胆石症。

中医诊断：虚劳（脾虚肝胆瘀滞）；胁痛。

辨证：脾不健运、胃肠传化失常致大便烂，脾虚不能化生精微，气血来源不足，肝血虚而血不养肝，肝气郁滞，胆汁排泄不畅，久经煎熬，结成砂石。

治则：益气健脾，养肝血，疏瘀滞。

处方：党参250g，怀山药150g，炒扁豆100g，茯苓100g，麦冬150g，丹参200g，炒白术200g，生熟地各150g，制黄精150g，制玉竹150g，炒白芍100g，王不留行90g，生芡实150g，生楂肉120g，广木香60g，炒陈皮90g，红枣120g。

阿胶200g，冰糖250g，收膏入。

按 本例胆囊炎胆石症，临床表现主要以脾虚为主，故重益气健脾，兼以养肝疏郁。杨氏认为中医治病，贵在辨证。不能就西医的病名、就病论病，辨证论治才是中医的精髓。

医案11 邓某，女，48岁。膏方门诊：1991年12月9日。

病史：平素用脑过度，工作繁重，时感精力、体力渐不支，偶头晕、腰酸，恳请调养强身。诊查：面色欠华，形体略显消瘦，时头晕，纳可，腰酸，舌质淡红，苔薄白，脉细。

西医诊断：用脑过度。

中医诊断：虚劳；眩晕（肾精不足）。

辨证：肾精不足，不能上充于脑而眩晕，肾主骨，腰为肾之府，肾虚则腰膝酸软。

治则：益气养血，补肾精，充脑窍。

处方：党参300g，黄芪300g，炒当归150g，制首乌150g，生、熟地各200g，制黄精150g，枸杞150g，炒丹参200g，广郁金150g，炒白术90g，炒杜仲150g，黄肉120g，制玉竹200g，生楂肉150g，广木香90g，炒陈皮90g，红枣150g。

阿胶200g，冰糖400g，收膏入。

按 本例患者为科研工作者，肩负多项科研任务，常夜以继日，耗伤精血。《灵枢·口问》："上气不足，脑为之不满，耳为之苦鸣，头为之苦倾，目为之眩。"《灵枢·海论》云："髓海不足，则脑转耳鸣。"冬令进补，重在益气补肾，充养精血。又考虑，脑力劳动者多久坐，易致气滞血瘀，故兼以理气活血，疏行血脉。补中有疏，静中有动，利于补养吸收，效增一筹。

医案12 钱某，男，76岁。膏方门诊：1991年12月11日。

病史：来者虽年近耄耋，工作辛劳，脑体劳动均属繁忙，但仍无明显病痛，精力亦尚充沛，然随年岁增长，与工作需要，欲借冬令进补之际，调补强身，以保持充沛精力献身事业。诊查：老年貌，精神佳，思维灵敏而健谈，舌质淡红，苔薄白，脉细。

西医诊断：老年人功能趋衰。

中医诊断：虚劳（五脏气血趋虚）。

辨证：随年龄增长，人之气血、精力、脏腑功能趋于衰退，其趋必然。

治则：益气血，养肝肾。

处方：党参300g，黄芪250g，生、熟地各150g，制黄精150g，制玉竹150g，枸杞150g，麦门冬150g，萸肉90g，炒杜仲120g，广郁金150g，丹参200g，生楂肉150g，炒枳壳100g，炒新会皮90g，红枣150g。

阿胶200g，冰糖500g，收膏入。

按 本例患者年高虽无明显疾病，然作为学术权威人士，著书立说，脑力与体力劳动均较繁重，随着年龄的增长，老年人多趋气血虚、肝肾亏。故以益气血，补肝肾，行气活血，培补本元，冀强身健体。

医案13 汤某，男，51岁。膏方门诊：1991年12月13日。

病史：有萎缩性胃炎、气管炎及前列腺炎。时有上腹部隐痛，咳嗽发作时较剧烈，少腹经常胀痛，大便正常。血常规检查：三酰甘油为2.97mmol/L。冬令欲予以调治。诊查：餐后胃脘部时隐痛，受凉后易咳嗽，少腹时胀，舌质红，苔薄黄，脉细弦。

西医诊断：萎缩性胃炎；慢性支气管炎；前列腺炎。

中医诊断：虚劳（气阴不足）。

辨证：肺气虚，卫表不固，易受外邪侵袭，胃阴不足，受纳腐熟功能失司。肾亏则膀胱气化不利。

治则：补肺胃，滋肾阴，兼以化痰通利。

处方：党参300g，黄芪300g，炒白术150g，制玉竹150g，天、麦冬各150g，炒当归150g，枸杞150g，生、熟地各120g，制黄精150g，丹参200g，炙甘草60g，青、陈皮各100g，桔梗120g，炒白芍150g，制百部120g，姜半夏120g，枇杷叶120g，广木香90g，制香附120g，制延胡索150g，生楂肉150g，车前子（包）100g，泽泻180g，红枣150g。

阿胶200g，冰糖400g，收膏入。

按 膏方集防病治病，补养保健于一身。既补其不足，又泄其有余。本例取方回去加工。杨老嘱：上药共浸没于紫铜锅内1日，煎3汁取液去渣，每汁煎1小时左右，集3汁药液和匀过滤。浓煎成滴水成珠状。另烊阿胶、冰糖用陈酒250g，隔水蒸使溶化。遂将已溶化之胶倾入已浓煎之药液中搅拌、收膏，贮于瓷瓶、瓦罐或搪瓷容器中，放阴冷处或冰箱内。服法：每次1～2匙，早晚各1次（15～30ml）。注意事项：遇感冒、发热、腹泻时暂停服，愈后可继服。服药时可用温开水冲服。忌食刺激性食物。

医案14 蒋某，男，58岁。膏方门诊：1991年12月13日。

病史：餐后易腹胀，进甜食反酸。曾作胃镜示：浅表性胃炎。冬令时分欲调治。诊查：饱食后脘腹胀滞，进甜食易反酸，晨起口干，纳尚可，大便正常，平时畏寒喜暖，手足欠温，舌质淡，苔薄白，脉细。

西医诊断：浅表性胃炎。

中医诊断：痞证（脾胃气阴不足）。

辨证：中虚脾弱、阳气不运，则食后腹胀、反酸、怕冷；脾气虚，胃阴不足，津液不能上承故而口干。

治则：益气健脾，养胃制酸。

处方：党参300g，黄芪250g，制黄精150g，川石斛90g，制玉竹150g，厚朴120g，熟地180g，防风90g，枸杞150g，天、麦冬各150g，蒲公英150g，炒枳壳150g，煅白螺蛳壳120g，广木香90g，煅乌贼骨120g，炒新会皮100g，浙贝母120g，炒杜仲150g，红枣100g，炒当归150g，丹参200g。

阿胶200g，冰糖400g，收膏入。

按 本例以补养脾胃，调中制酸法为主。制成膏方，缓缓图治，寓补于治理之中。健脾运，益胃阴，行气养血通脉，暖肢足之末。整体局部并顾，增强疗效，改善症状。

医案15 胡某，男，51岁。膏方门诊：1991年12月13日。

病史：1970年起感胃脘部时痛，当时检查示：十二指肠球部溃疡。1978年时胃脘痛减少，但常感腹胀、口干。胃镜示：萎缩性胃炎（胃窦部）。1983年10月胃镜复查同前诊断。目前进入冬令欲予调治。诊查：纳食不多，稍多食胃脘部即作胀，寐况欠佳，口干，便秘，苔黄根腻，脉细弦。

西医诊断：萎缩性胃炎。

中医诊断：虚劳（脾胃阴虚）。

辨证：气阴不足，胃之受纳腐熟功能减弱，胃不和则卧不安，脾气失运纳少，胃肠液少便秘。

治则：益胃健脾，滋阴润肠。

处方：党参300g，麦门冬200g，川石斛120g，制玉竹200g，大生地200g，枸杞150g，五味子60g，黄芪300g，炒当归150g，黄肉100g，炒桑椹子100g，全瓜蒌120g，炒枳壳150g，决明子120g，炒柏子仁100g，厚朴100g，生山楂150g，丹参200g，炒陈皮120g，佛手柑60g，红枣150g。

阿胶200g，冰糖400g，膏收入。

按 此例萎缩性胃炎属脾胃阴虚、中气不足类型，饮食少，不能生化精微，津液来源欠丰。杨老予以养胃阴，扶胃气，滋阴而不腻，补中但不温燥，兼以润肠胃，宁心神，胃和而卧安。

医案16 王某，男，65岁。膏方门诊：1991年12月19日。

病史：有慢性结肠炎、脑梗死及顽固性失眠病史。长期依赖安眠药方能入睡。肠镜检查示：慢性溃疡性结肠炎，在距肛门13cm、25cm处各有一溃疡，黏液脓血便。经中药及激素灌肠后有好转。经B超提示：肝硬化。头颅CT示：脑梗死。适值冬令，欲于调治。诊查：时有黏液脓血便，寐劣，面色暗滞，左侧颜面肌肉松弛，左侧鼻唇沟略变浅，口角略向右侧㖞斜，伸舌尚正中不偏，舌质红，苔薄黄腻，脉弦。

西医诊断：慢性溃疡性结肠炎；脑梗死；顽固性失眠；肝硬化。

中医诊断：湿热痢；中风（中经络）；少寐。

辨证：湿热滞于肠中，脉络受损，下痢赤白，迁延日久，气滞血瘀；又长期服安眠药，血行缓慢，经络痹阻，颜面麻木，口角㖞斜。

治则：益气健脾，清化湿热，活血行瘀，兼以宁神敛津。

处方：党参250g，黄芪250g，炒白术120g，红藤100g，老鹳草100g，川

厚朴100g，丹参200g，炒枣仁120g，煨益智仁100g，炒石莲肉100g，煨诃子120g，怀山药150g，枸杞120g，制玉竹120g，熟地150g，炒楂、曲各100g，煨肉果120g，广木香90g，红枣150g。

黄明胶120g，阿胶120g，冰糖400g，黄酒250g，收膏入。

按 膏方对身患多种疾病的整体调摄亦是十分适宜的。患者湿热痢，日久脾气虚弱，久痢津伤正气脱，津液亏加重；服安眠药，血脉缓行凝滞而痹阻经络。杨老予以益气健脾敛涩，与清化行瘀解毒并施，多方配伍，方中胶类取健脾益胃之黄明胶（霞天胶更佳，惜于缺）合养血益阴之阿胶互补，共奏健脾养血之功，处方组合甚恰病机，药之调理功效亦佳。

第五章

学 术 成 就

　　杨氏学术流派的主要特色为：坚持中医整体观和辨证施治，又能吸取现代医学的长处，主张微观与宏观相结合，辨证与辨病结合，不因循守旧，善于创新；临床擅治慢性气管炎、肺心病、冠心病、中风、糖尿病等中老年病证；对中老年疾病的重视"虚""瘀"辨治，在方药运用上重视活血化瘀；善于疑、难、重、顽病证诊治；重视养生保健、抗老防衰；流派相关人员众多，广布中医临床各科。

　　杨氏内科的创始人杨继荪教授是一位学验俱丰的中医临床专家。他医术精湛，经验丰富，临证思路开阔，辨治层次明晰；善将传统中医理论与西医研究融会贯通；提倡以"继承不泥古，创新不离宗"为旨，发皇古义，吸取精华，融会新知，开拓阐扬。由此而不断充实完善辨治内容，扩展临床思维，更新治疗观念。

第一节　寻因探源，治病求本

　　治病求本是中医临证思维的主体，是体现中医思维特色的精华部分，也是临床医家所谨守属遵的一条根本原则。杨老认为，中医所论之"治病求本"即是寻求引起疾病的起因，针对病因病机从根本上治疗疾病。它包含了探求致病因素作用于机体引起邪正相争，导致脏腑间盛衰偏颇、阴阳平衡失调的整体病理变化；以及根据病理形成的病机，明辨病本、抓住主要矛盾，围绕主证进行审因论治，从而贯彻治病求本的治疗原则等方面的内容，治病不只是对症治疗，而应在临床一系列复杂多样的征象中，由现象深入本质，分析判断及认识疾病整个证候中的内在联系，把握病变的发

127

生、发展和演变规律，寻找能成为这些证候的病机病理，明确因与果之间的关系，然后运用务求其本的传统思路与方法纠正阴阳平衡的失调，以达到阴平阳秘之目的。

重寻病因、细审明察 追根寻源就是求因明本，是中医辨证中的核心。它将辨证进一步深化，以求得疾病的症结所在，并分析确定病变所处何经何脏，探求哪一个脏腑或哪一种病理变化在其中起主导作用，使病机的主次得以明确。为治病求本，无论是病因治疗还是病机治疗皆提供了先决条件和直接可靠的依据。

杨老以为，古人的"百病之生，各有其因，因有所感，各现其证。"阐明了人体的整体统一性在体内、体表所反映的相关现象。既体内有病，就必然反映到体表，一定会有相应的症状和体征显现出来。而病变的本质差别，又决定了现象上的不同。如下痢病人，有表里同病、内实停滞、热结旁流、湿热壅遏、脾肾虚寒、下焦不固等类型。由于引起下痢的致病因素的性质不同，受累的经络、脏腑不同，起主导作用的病理变化过程在某一经络、脏腑的反应强弱亦不同，因此反映出的临床症状与征象亦有明显的差异。

杨老强调临床上要寻因细审，临证思路应于细微之中见清晰。他以《伤寒论》治下痢为例，阐明医圣张仲景重视临床证候，详于审证求因、审因论治，善于辨析同中之异，异中之同的治疗风格。杨老认为应注意审明病因病机，区别病证异同，酌用清消下和（或）温补涩等法，并量病情之轻重缓急予以增损。此外，还当考虑法外有法。补有清补、温补，下有峻下、缓下，谨防骤补壅塞，峻攻伤正之太过或不及。

杨老在临床治疗中，始终坚持辨证论治这一核心。他说，症同、病不同，或病同、证候不同，治疗上均不尽相同。在审因辨治时，他还善于从纷繁复杂的征象中，审理出病变的本质与疾病的根由，并予以灵活的辨证用药，治愈了不少疑难危重病证。

详辨寒热、识其本质。由于疾病表现形式的多样性，往往不是一下子就能把握住疾病的内在本质。在临床诊断和疾病发展过程中，有症状典型易识者，也有假象丛生，或真象、假象交纵错杂者，即所谓"真寒假热""真热假寒"。使辨治者疑似于真假之间，行运于迷雾之中，含糊难辨，因此要明辨病本亦绝非易事。杨老根据自己几十年的临床经验，体会到面对复杂的证候群，应穷源溯流，抓住纲领和关键性的证候、指征，详细辨别病证的属性。

　　杨老把这种溯源求本的辨证思路，运用到临床最常见的疾病的辨治中。如中医对痰的辨别，有黄痰为热、白痰为寒之说。杨老则认为黄痰固为有热，白痰未必有寒。黄、白之辨仅为大的纲领，还当深入细辨，强调了痰质的鉴别，认为白痰、黄痰皆因热成，其区别只是程度不同罢了。他以具体大量的治验病例论证了白痰亦为有热的论点，抓住了痰的性状是一个真正反映其寒热本质的辨证要素，从而提出了痰质之辨的重要性及临床意义。

　　杨老还认为，中医在治疗某些西医已确定病名的疾病时，不应局限思路，对号入座，而要坚持辨证。如原发性高血压在临床上似以阴虚阳亢、热胜火旺者为多见。但在具体治疗中则要根据病人的体质状况，考虑气候，情志等因素及其与血压间的关系。全面分析、明辨寒热。尤其是对于一些变证，当从常知变、从外知内、由外在变化的比较中认识疾病的本质。杨老认为，高血压决非都是热证，治疗不能拘泥于滋养肝肾、清热潜降之中，如投活血通阳等药，亦能取得同样效果，关键在于详审细察，准确辨证。

　　善别虚实，进退适时　病有虚实，治有补泻。补虚泻实为扶正祛邪之原则。针对疾病的本质进行扶助正气、驱除邪气则是治病求本基本精神的又一体现。杨老认为，要在复杂、危重的病程中，鉴别某些与病变性质不符的症状，如"至虚有盛候""大实有羸状"等真虚假实、真实假虚的征象虽说不易，然"有诸内，必形诸外"。内在的变化必然表现为外在的现象，只要认真仔细分辨，假象总是可以识别的。更重要的是应在疾病发展过程中，善于把握病证的主次轻重、虚实缓急，适时作相应的进退，以防范虚虚实实之戒。临床上，杨氏仍把张仲景的《伤寒论》引为范本，反复再述了《伤寒论》中涉及虚实方面内容的诸多条文。学习他的辨证思路，指导临床实践。杨老对《伤寒论》推崇备至还在于仲景善治虚实错综的复杂病证。分辨明细、内统上下，法中有法、方中有方，不愧为内科临床辨证论治的典范。他在临证中，经常剖析病证，运用了一条以大临床学家的临证思路为经纬的中医临床医学思维路线，并结合现代医学理论，随时代变化不断适应和总结因疾病谱改变、人类生存年龄延长所产生的更多复杂或新生现代疾病的发展变异。以这种既具有中医辨证特色，又处于开拓发展中的临床思维来指导整个辨治过程。特别是对近代新兴学科老年病的虚实辨治，细微中肯，而疗效确切。

浙江中医临床名家·杨继荪

他重视体质因素与疾病之间的关系，认为清代医家徐灵胎"若元气不伤，虽病甚不死，元气或伤，虽病轻亦死"的论点，是强调了人体的正气和扶正祛邪的原则。主张通过调动机体自身的抗病能力和自我调节能力，以达到恢复阴阳平衡的目的，倘若只注意邪实而忽视扶正，就难以取得预期的疗效。即所谓"标本不得，邪气不服"。在临床上，他更多地考虑到素体禀赋，对于老年人，因虚实夹杂者多，尤须明辨。

在治疗上杨氏强调层次分明，进退适时，严格把握病情轻重与体质强弱的关系，在药物选择和剂量方面都有明显的差异。他一方面强调了老年久病体虚的特点，另一方面又不囿于老年多体虚这一共性。

第二节　宏微辨证，证病合参

杨老认为，传统的宏观辨证突出了中医的整体观。中医对疾病的认识是从宏观辨证即从症状与体征入手，结合四诊八纲，再不断吸取和接受了历代各学科的经验进而做出辨证施治。这当然是一种科学的思维方式。然而由于历史条件的限制，这种推理判断难免有些笼统、抽象而模糊，需要具体、深入、微观的认识来补充。微观辨证则是在宏观辨证基础上，对疾病具体反应认识上的进一步深化和发展，揭示了肉眼看不见的微观变化。尤其对局部的病变部位有着更直接、精细，甚或超微结构的深层次观察与分析，同时也是对中医四诊空隙的填充，使传统辨证更趋完整、准确并得以扩展。另外，在临床诊断标准与疗效评判标准方面，因有了更明确的指标，可进行治疗前后的微细观察对照，其结果显示也就更加客观全面而具有说服力。故杨老提出宏观与微观的结合，不应只局限于辨证，这里面包涵了丰富的含义，其所涉范围的广度和深度当是无限的。两者间有机结合的贴切与否，对指导临床诊治疾病具有重要的积极意义。

一、宏观辨证与系统整体观

杨老认为，中医辨证的突出见长是系统整体观。整体观念则是中医论治疾病的主要特点和最重要的论治规律之一，他强调，临证治病首先要树立"整体观念"。因为目前临床上所施行的各种检查，多数是局部性的。作为一种先进科学的检测仪器，它从更纵深之处向临床医生展示了病变的具体部位、形态和性质，为疾病的诊断提供了有力依据。然而治疗的手段是多方面的。有的疾病可以局部治疗，而有的疾病则需采取综合措施。因此，医生的临床思维应该是综观的、全面的，考虑和分析问题也应是多方面的。

杨老在临床上就是从总体上统观全局，系统观察，然后进行综合分析，针对局部病变与整体的关系来双向权衡病变的侧重点。既不忽略微观的病理变化，又重视宏观的征候表现，准确把握病因病机，并以调动机体的自控性和通过自稳系统阴阳平衡的整体调节，而达到阴平阳秘的最佳状态。

临证时，他以整体综合观察的方法，把人体看成是一个有机的整体，认为同样的疾病，相同的药物，由于所处内、外环境不同，其临床表现和对药物所产生的效应可以截然不同；并以"人与天地相参"的整体观念，强调人与自然界之间存在的密切关系。他十分强调从时令节气、地理区域、自然环境和人体禀质等各方面的综合因素中对疾病加以分析。

杨氏在辨证中显示其整体系统观还表现于十分重视脏与脏之间、脏与腑之间相互存在的依从性和内在联系。如他在治疗胆道疾病时，就十分注意胆肝脾等脏腑间的影响。由于肝与胆相表里，两经之脉皆循胁肋，治疗上必须顾及"肝病及胆""胆病及肝"的可能性，而予以肝胆并顾，必要时则肝胆同治。他说，对肝胆间关系的认识，中医与现代医学的某些观点尚相吻合。杨老亦从整体上把胆囊炎的病因病机归纳为"肝胆气滞、湿热蕴结"。但在具体病例诊治中，他认为，现代医学的内科治疗是以抗炎、利胆、解痉、止痛为治疗原则，较注重共性方面的处理。而中医治病则应在中医理论指导下，根据不同体质、受邪轻重，予以不同的辨证施治。他以抓大纲为分型准则，将其分为"热重于湿"和"湿重于热"两型。体现了他既有整体综合观察、系统分析过程的思维特色，又有具体灵活、提纲挈领的辨治风格。他说，抓住共性，更要区别个性。他对胆病诊治的要旨归纳为：六腑以通为顺，只是就热重于湿之少阳阳明合病而言；对湿重于热之少阳太阴的脏腑合病，治疗就不宜通腑，应从温化宣畅着手，此即所谓同病异治耳。

二、微观辨证与着眼于发展

杨老认为，中医本身早已存在着另一种微观辩证思想。而对这种肉眼不能观察到的微观辨证，需要有长期临床经验的积累。对于这种目前尚未完全

表现的病证，着眼于其发展的辨证观点，是一种深层的微观研究。早在几千年前，《素问·八正神明论》就提出："上工救其萌芽……下工救其已成，救其已败"的论述，即"治未病"的辨证思路和"既病防变"的指导原则相合一的早期防治观念，这与目前通过仪器检测后再进行辨证论治是十分相似的，当然其微观的角度、深度、广度皆无以类比。总之，杨老在临床诊治中，一方面以中医传统理论指导实践，另一方面借鉴现代医疗仪器的精细检查结果，结合现代的医学理论进行微观辨证。

三、辨证辨病与中西医结合

中医所指的证是机体受到内外多种致病因素综合作用，反映其本质属性的一系列特征。中医所指的病则是证的综合和全过程的临床反应。病与证概念虽不同，但关系密切而不可分割。同一疾病可因病因与体质差异而出现"同病异证"。故就有了相应的"同病异治"和"异病同治"。杨老认为这两者都重在辨证，旨在抓住疾病过程中的主要矛盾。然不同的疾病往往具有不同性质的病理特征，因而辨证辨病必须两者相结合。在辨证与辨病的结合方面，他除了主张中医本身的证病结合以外，还强调应与现代医学概念中的辨病治疗融合，提倡"古为今用""洋为中用"，促进中西医间的互相弥补，共同配合取长补短。

第三节　理瘀活血，继承阐扬

活血化瘀法的应用源远流长，极为广泛。自《黄帝内经》《神农本草经》记载了"血瘀"和治瘀药物，至汉代张仲景提出了"瘀血"病名，奠定了瘀血诊治的临床基础以来，历代医家又有所发展、创新。直至今天对血瘀理论与活血化瘀治则进行多学科、多层次、多环节的实验和临床科学的综合研究，从不同角度阐明了血瘀本质和活血化瘀的原理，并有了更加深入的定性定量的客观指标，从而进一步提高了诊疗水平。但是由于致瘀因素和因瘀致病、因病致瘀的因果关系比较复杂，其临床征象也差异悬殊。所以杨老主张，除立足中医的整体观，掌握辨证施治外，应适当参考各种检测资料，以拓宽诊断思路，提高活血化瘀法的疗效。在临床中他以此思想为指导广泛运用活血化瘀疗法，并将宏观与微观辨证有机地结合，从而扩大了应用范围，使得理瘀活血的方法成为他擅长的主要治疗法则之一。

一、瘀病因果与寒热虚实

杨老指出，瘀可因病而起，病可因瘀而成。两者在因果关系上和治疗方面都有所侧重。尽管临床上有时两者难以辨别，但通过详细的病史采集，连贯地分析各脏腑功能和病变程序间的关系，还是能够推断出前后因果、寒热虚实的。关键仍是是否有整体观念及溯源明由的思路。

瘀血所涉病证虽然广泛，但据其病性基本上可分成相应的两个方面，若能辨别清楚，则有利于施治。杨老因此归纳了由寒热虚实所致的各种瘀证，以及由瘀证引起气血紊乱、阴阳失调的各类病证。其分别为：气滞血瘀、瘀血气壅；血滞为瘀、瘀血化水；血结留瘀、瘀血阻络；血蓄而瘀、瘀血癥积；寒凝致瘀、瘀血痹痛；热盛现瘀、瘀血蕴热；气虚渐瘀、瘀血损气；血虚成瘀、瘀血不仁；阴虚生瘀、瘀血津伤；阳虚血瘀、瘀血助寒。强调了它们之间互为因果、互相转化的关系。同时他又从另一个角度阐述他们在临床表现方面的广泛性与独立性。如气滞血瘀可因情志抑郁、气滞上焦，使胸阳失展、血脉不和，形成气滞心胸之心痛证。一旦发展可成为"真心痛"。心痛证见于冠状动脉硬化性心脏病心绞痛发作，或心肌梗死。也可因情志所伤，气郁日久，使血流不畅，逐渐积滞而成瘀阻胁络之胁痛证。胁痛见于急慢性肝炎、肝硬化、胆囊炎、胆石症、肋间神经痛等。由气滞所致血瘀和上述个组列均是瘀与病或证的某个病因病机的概括。各种瘀证虽以寒热虚实分类，但其关系密切，可相互转化，有些仅是程度上的差异，先由量变渐而质变。如寒证血瘀可导致阳虚血瘀，热证血瘀可转化为阴虚血瘀，实证血瘀病久又可转为虚证血瘀等。临床上，寒热虚实多错杂而见，故当详辨之。抓住本质，利于从治。

杨老认为，治疗上的一般原则是，因病致瘀者应以病当之，按致瘀因素分别予以散寒、清热、补虚、攻实之法为重，结合选用消瘀之药；对因瘀致病者则以瘀图之，随已致瘀象着重予以活血、行血、祛瘀、逐瘀之法，并结合辨证配伍化裁。他在具体方药的选择上，主张根据血瘀部位及与所属脏腑间的联系来确定。而且认为对属于"邪实"范畴的瘀证，所选消瘀药物力量相对宜强峻以便攻逐，如水蛭、虻虫、䗪虫、三棱、莪术、水红花子、虎杖、马鞭草、桃仁、红花、大黄等，对属于虚证范畴的瘀证，所选理瘀药物

力量相对平和以利缓图，如丹参、赤芍、当归、川芎、延胡索、郁金、鸡血藤、泽兰、穿山甲、王不留行等。

他还认为，治瘀与病性的具体治则结合上，运用得法与否，也是取效的关键。对实证气滞血瘀需配以枳实、枳壳、木香、厚朴、薤白等理气行气药。对寒证血宜配伍桂枝、细辛、吴茱萸等温经散寒药。对热证血瘀应根据病证类型分别伍以银花、连翘、黄芩、黄连、栀子、红藤、败酱草等清热解毒药；或以玄参、丹参、丹皮、赤芍、郁金、水牛角等清营凉血药；或以大黄、芒硝、桃仁等泻热通腑类药物。此热证血瘀，由于致瘀病因不同，有温邪热毒壅滞、有温邪扰动营血、有温邪瘀结腑实，故虽同是热盛，选方用药仍因病机各异而无雷同。同样，对于虚证血瘀则应根据其气血阴阳的不足和虚衰程度，分别配伍益气、养血、滋阴、温阳等法。只有使精气充足、血脉充盈、阴液润养、阳气旺盛，才能让缓流枯滞之瘀血得以鼓舞通运。此中，杨老又特别指出，在临床上以虚实夹杂，气血阴阳亏虚之相兼互见者不乏其人，应予灵活酌情辨治。

另需提及，在疾病发作期间，杨氏常结合不同脏腑所属归经选用虎杖根、马鞭草、王不留行、毛冬青、鬼剪羽、桃仁、红花、三棱、莪术等破血逐瘀之药；而在各疾病相对缓解期中常多选用丹参、当归、首乌、郁金、葛根、川芎、赤芍、丹皮、穿山甲、鸡血藤等扶正活血之味。在剂量上，前者多重，后者宜轻。对寒热虚实夹杂之瘀证，他善于温清消补、活血化瘀并用。

二、明征暗状与轻重缓急

杨老说，临床上典型的瘀证尚不难识别。但当瘀证的征象不明显时，杨氏提出，要善于挖掘历代医家的经验、理论，参考有关"瘀血"的临床检测，按其轻重缓急，恰到好处地运用活血化瘀的法则，可以治疗诸多疾病。对某些慢性病人的诊治，杨老亦常根据检查状况，予以宏观，微观结合辨证，善用理瘀活血疗法。有些虽然无明显外观瘀血征象的久病患者，经用味少，量轻，理瘀力量较柔和的药物调治，日积月累缓缓图之，亦能达到良好效果。杨老告诫我们，在对慢性病的调治和急性发作的救治方面，均应明辨轻重缓急，所选的逐瘀行滞或活血理瘀药物，以及其剂量的增减，务必与病情之进退相当。

三、理瘀调治与防病抗衰

随着生活水平的提高，广大群众尤其是老年人，对防病抗衰老的需求日益增加，并逐渐趋于注重中医中药的滋补、强壮和健身延年。据此，杨老根据中医在康复、保健、养生方面的特长，分析了当今社会因机械化、电气化程度提高所导致的强体力劳动减少及因远距离外出机会增多而引起的饮食起居失调等，均可导致血液运行的失畅。

对于衰老机制的认识，杨老认为，历代医家以补法抗衰老，或滋益肝肾，或脾肾双补。这是以补为本，治老年已衰之根，是谓中的之治。然随着时代推移，人们的生活习惯与环境因素的改变，当代人的突出矛盾已由虚为主转向了以瘀为主。尤其在城市优越的环境中，食言高能量，行则不言步，四体不勤，缺乏运动。加上高速度、快节奏、竞争性强带来的精神紧张和情绪不稳定因素，均可导致机体气机的逆乱，并常能使由于过量饮食超越了消化代谢能力而不能及时排出体外所产生的有害物质蓄积于体内，加重了脏腑的负荷，促进和加速衰老。故杨老在抗衰老的防治中，重调气血而大于补。他说脏腑功能的衰退应按时序年龄的增长而论，倘若提前功能减退，其原因有二，一是不足，二是瘀积。以前多为不足，如今则为瘀积多于不足。所以在饮食方面，要力求"平衡膳食"。杨老认为，最好的防病延年的方法在于调节气血阴阳的平衡，其中理瘀活血法是不容忽视的。瘀证与活血化瘀方面的实验研究还提示：活血化瘀药有降低血中胆固醇含量、降低血液黏滞度、改善血管弹性与形态、促进血管修复等功效。所以他曾几度以《素问·四气调神大论》"春三月，此为发陈……冬三月，此为闭藏"的理论为依据，综合性的既防病治病，又补益身体，按各人体质状况，配伍组合成传统膏滋药进行"冬令调治"。在他所处的近千张膏方中，均贯穿了寓补于疏的辩证思想，并发现几乎方方都有活血化瘀药，其意在于调畅气血。他采用了每年一度的"冬令调治"对老年人高概率的"隐性瘀证"予以缓缓调治。方中理瘀活血药味与剂量之多寡，则因各人素体不同而层次井然。他说，冬令进补，应似细雨淅淅滋润，犹如晨旭温暖柔和。经培本徐徐调理，多能在来年收益。以往患有疾病的，次年可减少发病频率，缩短发病时间，缓和发病程度；以往无明显病痛的则能以更饱满的精神从事各项工作。保健养生、抗衰延年已是当代医学和未来医学之所需求。杨老的辩证调治、虚瘀并理的科学思路是他在这方面屡获效验的关键。

第四节　独创理论，辨治特色

一、脂肪肝

杨老认为，由于脂肪肝在临床上是以肝肿大为最常见的症状，故可归于中医学的积证范畴。杨老认为，脂肪肝的病理特点与其他肝胆病一样，也以"湿""热""滞""瘀"为主纲。由于"滞""瘀"为积，形成脂肪肝。其病理变化在于痰结、气滞、血瘀。从临床征象归类，应属"痰浊壅阻""瘀血阻滞"，而以"痰瘀交阻"为最常见，或有湿蕴化热，或有久病脾虚，或以滞瘀并见，或以阴虚夹瘀。因脂肪肝与肝脾两脏的关系最为密切，其虚证表现多为脾气虚弱后肝阴不足。然杨老指出，脂肪肝毕竟是以实为主，故其积滞之实亦想随而贯穿于病机始终。

脂肪肝轻者可无明显症状，重者尚可因并发症而危及生命，虽临床表现不一，然病本则同，皆以滞瘀为主，杨老根据脂肪肝在临床上是以"痰瘀交阻"为多见的状况，拟定了治积滞基本方，以其为核心，随症加减，旨在抑制体内三酰甘油的合成，清泄已瘀滞之积，促进血流畅通。

脂肪肝系肝代谢性疾病，需与其他的肝病变相鉴别。如脂肪肝与肝炎后肝硬化、肝肿瘤等区别。就其病因，前者多为饮食因素发病（除遗传、药物、妊娠等特殊因素外），后者可因感受外邪、情志因素、饮食劳累等多种因素起病；在病理特点上，虽皆与"湿""热""滞""瘀"有关，但前者实多虚少，后者始则以实为主，继则虚实相兼，甚则可虚极兼实；在临床证候上，前者面色初起红润，渐而暗滞，但以暗褐色为多，形体偏于肥胖，脉象以弦滑带涩为主，后者面色初起即姜黄，渐而暗滞，却以灰暗带青色为多，形体偏于消瘦，脉象以弦细紧涩为主；在预后方面，前者只要去除致病因素，适当调治，可较快好转痊愈，当然，其恢复正常所需时间的长短，视肝脂肪浸润的程度而异，但后者的预后一般较差。

杨老以为治疗脂肪肝还应全面了解患者的饮食状况。对当前我国的成人脂肪肝，仍应以去实为先，即使对虚瘀夹杂的病人，亦不能轻易应用壅补、骤补，意为实多虚少，虑其瘀滞甚于虚损，而勿犯实实之戒矣。

杨老在常见肝胆病的辨治方法中，有以热重、湿重偏异进行辨治；有以早、中、后分期，抓住气滞血瘀为本，由湿热偏重，渐向气滞为主、血瘀为重、虚瘀并现方向转化的辨治；亦有以痰瘀交阻为基本型，对偏于痰浊和偏于瘀滞进一步以湿热、脾虚、气滞、肝阴不足各有侧重的更细分型辨治。由此而体现了他在对各种不同病证辨证施治时，所采取不同形式与方法的辨治特色。从中也不难看出其辨证思维的逻辑性与用药层次的严谨性、合理性。

二、原发性高血压

由于原发性高血压系一种慢性疾病，以中老年人居多，故常因久病或老年血液多呈高凝状态而显示出不同程度的"虚""瘀"征象。

该病的病因病机归纳为"风""火""痰""虚""瘀"。表现有肝阳上亢、肝火亢盛、痰浊壅阻、肾精不足、气血亏虚、瘀血内阻等，杨氏认为，由于以上诸因素作用于机体，导致了气血阴阳平衡失调，在老年人高血压，则反映有虚瘀相间之共性，即使对肝火偏亢者，亦应虑其有否肾阴亏于下。因乙癸同源，肝阴虚甚必然累及肾阴，致肝肾两阴皆虚。临床上见有阳亢风动与阴液亏耗、上盛下虚证候同现且互为因果的。如肝郁化火耗损肝阴，阴不敛阳，致肝阳偏亢，而阳盛则化风化火，风火相煽，灼津耗液。若肝风入络，伤及经络可致血脉瘀阻；另则肝肾阴亏，阴损及阳，阴亏于前而阳损于后，导致阴阳两衰，见多脏器功能的减退。其主要表现为靶脏器心、脑、肾的严重损害。故杨老特别指出，脉络失和之"瘀"与脏腑亏损之"虚"两因素皆为该病发展趋势之共性。这与当前认为引起血压升高的原始动因是重要脏器血流供求失衡之论点亦相吻合。故杨老主张重用活血化瘀法，改善老年人血液高凝趋势，使血行流畅，从而从根本上改善血供平衡和自稳调节能力。

高血压与"血"密切相关，又有"虚""瘀"并存之特点，杨老在选择抗高血压药物时，尤其注重选用对血液具有调节作用的中药，如大剂量运用葛根、川芎、赤芍、桂枝、益母草、丹参，以行瘀活血、畅通血流，并以养肝补肾之首乌、枸杞子、生地、杜仲、桑寄生之类固本补虚。杨老认为，在突出"虚""瘀"特点的同时，还应注意临床证候的分型，旨在抓主要矛盾的主要方面，以利主药在适合病人证情的不同药剂辅伍环境中发挥更有效的作用，这种作用是针对高血压共性与体质因素特异性相结合后所作出的反应。杨老对肝火亢盛者，予以泻肝清火，选用龙胆草、黑栀子、黄芩、夏枯

草、石决明、丹皮、玄参、白菊花、决明子、茺蔚子、泽泻、牛膝、赤芍、连翘等；属阴虚阳越者，以滋阴潜降为主，选用生地、首乌、桑寄生、龙牡、鳖甲、萸肉、枣仁、玄参、槐米、牛膝、白菊花、赤芍、丹皮等；对痰湿壅阻者，予以息风化浊，选用天麻、钩藤、胆星、姜半夏、石菖蒲、莱菔子、橘红、竹茹、枳壳、泽泻、神曲等。杨老说，临床证型多各型相兼、虚实夹杂，应酌情选用。对防止脑血管硬化，亦即对血管起到柔韧清廓作用的药物有槐米、首乌、杜仲、连翘、地龙、白菊花之类；对血压降低有协同作用的药如车前子、泽泻、益母草等利水剂，具有增加疗效的功用。杨老还指出，高血压病人桂枝的应用要掌握适应证，对血压虽高，四肢指、趾端冰冷麻木，或有怕冷、脉细、舌质偏淡者用之，有利于血管扩张，使血压下降。但对有脉细数、烦热、口干、舌红绛之征象者应慎用。另外，杨老常提及，老年高血压病人多属低肾素型，不宜服用强烈的降压药，降压幅度不宜过大，以防止引起血液不能上荣脑窍、不能荣养脏腑而出现其他症状。他对老年人的降压治疗主张微调缓降，让患者有一个逐渐适应的过程。通过补虚行瘀、治本理血途径来改善血流供求平衡，达到抗高血压的目的，从根本上稳定血压。

三、冠心病

杨老认为，冠心病多呈以便虚为主的虚中夹实之证，在老年人常为不典型表现。当老年人有极度乏力、气短，甚至昏厥时，应予以高度重视，考虑有冠心病的可能。冠心病早期可因"寒""痰""饮""瘀""情志"等致病因素导致产生"气滞血瘀"。其病因虽不同，但病理演变趋势则是共同的。因有气滞血瘀和老年人多原有气虚、阴阳虚损之基础，形成气虚无力推动、正虚不能达邪，所致虚中夹痰、夹饮、夹瘀等证。此中的"虚""瘀"又为突出的病理特点。

杨老根据冠心病病因病机中以气虚为基础，气滞血瘀为病理发展趋势，以及表现为虚瘀相兼的病理特点，运用益气活血之常法。结合阴阳虚实相兼程度，分别予以理气、宽胸、通阳、化浊，并按属气阴两虚或饮阳两虚等证型标本同顾。杨老指出，冠心病的治疗原则是益心气，祛瘀浊，畅通血脉，增强血运，改善冠脉循环，使心肌氧的供求达到平衡。在治疗法则上，他以气行血行，通阳而化寒滞的理论，擅用瓜蒌薤白汤加减。对桂枝的运用，尤有其独到的心得，认为理气与通阳药是治疗冠心病之要药，活血药与通阳药合用有相得益彰的作用。他经常选用的药物有全瓜蒌、薤白、苏梗、枳壳、郁金、降香、桂枝、附片及丹参、川芎、桃仁、毛冬青、延胡索、莪术、赤芍、红花等。扶正固本类，如黄芪、党参、黄精、生地、首乌、当归、麦冬、淫羊藿之属。

对于老年人的心律失常，应重视临床上常见的一种缓慢型心律失常，这是由于增龄所致的心脏结构和功能变化引发的房性期前收缩、阵发性心房颤动、传导阻滞和病态窦房结综合征，其心率过慢，有生理与病理的综合因素。杨老说，心脏结构和功能的衰变在中医学的认识中，以心、肾之阴阳衰损为主。治疗上，着重于心肾阴阳的并调。偏阳虚者，重用参、附、桂；偏阴虚者重用生地、麦冬、黄精、首乌。由于老年人脉结代皆是在心气虚之基础上发展而成，故益心气之参、芪为常用之君药。至于夹有"饮""痰""瘀"之病理产物多为虚损无力代谢留滞所致，列为兼证。他以重补气、育阴阳、适理瘀之大法，兼顾祛痰浊、化内饮的方法重本顾标，治疗老年心律失常，并根据阴阳衰损程度的不同，适时调整，对衰损较重者，先予以重剂温补或滋补，继以轻灵温润与滋养。因为老年退行性变起病渐缓，其扶元调治亦以微复渐至图功。然急重证者，则按病情虚损程度，或投以重剂，对症救治，获效快捷之例亦不胜枚举。如以大剂参附抢救老年病态窦房结综合征心律失常引起的心源性休克，就有旋即收功之例，且在治疗病脏的同时，整个人体功能均有所增强，故对老年人尤其适用。

四、慢性支气管炎

杨老认为，老年人慢性支气管炎、肺气肿，是在虚之基础上存在"痰""热""瘀"，主要表现为咳嗽、咳痰和气急，机体因卫外功能减弱易受外邪侵袭，外邪入侵，肺失宣降，致肺气不利、痰蕴于肺、积留为瘀。所以，杨老在辨治中，着重于"痰""热""虚""瘀"，发作期以清热祛痰行瘀法为主，缓解期则予以补虚理瘀兼以清肺化痰法调治。对于老年慢性支气管炎、肺气肿的治疗，他根据自己长年临床经验提出了一些中肯的见解。他说，在发作期，不能过于拘泥于老年人之虚而妄用滋补。主张以治实为主，迅速大剂多次进药以控制病情发展。因老年人应激能力低、耐受性差，如病重药轻易致病情恶化，缠绵难愈，尤其对紫肿型慢性阻塞性肺病。

由于整个病程的基础是黏液分泌亢进，易患肺部感染和气道阻塞，出现通气障碍、发绀或红细胞增多症，治疗应加强祛痰和活血化瘀之力。杨老认为只有排除痰液才能改善通气功能，只有改善血液黏滞度才能有利于药物的吸收与分布。所以他用祛痰药，对痰涎壅盛、肺气实者，桔梗用量有大至30g的记载。

五、糖尿病

杨老认为糖尿病起因可有素体禀赋、饮食不节、情志失调等多种因素，但疾病的发生与发展，始虽异，终则同。他根据糖尿病以肾为本，起始为阴亏阳亢、津涸热淫，久则阴阳俱虚的病机，合三消为一，以阴阳别之，简分为"阴虚型"和"阴阳两虚型"。阴虚型指的是肾阴亏虚、虚火内生。阴阳两虚型指的是阴损及阳、肾阳虚衰。杨老指出，前人治消渴证，一般都在出现症状之后方言治，现今医疗检测手段先进，能早期发现糖尿病，即使无症状也能确诊，故在治疗方面可先入为治。从疾病将发展演变之果，以微观向宏观趋进之先见，着意润养肺肾，健脾益胃，佐清火、行津血之品调治。其行津血是行畅气血、敷布水精之意。杨老提出，老年糖尿病患者的特点中既有虚的因素，又有瘀的征象，他治消渴，一方面取张景岳"善补阴者，必于阳中求阴，则阴得阳升而泉源不竭"的方法，在补肾之中阴阳并顾，以六味地黄丸为基本方。通常选用药物，如生地、萸肉、怀山药、茯苓、桑椹子、葛根、地骨皮、天花粉、黄连、郁金、黄芪、当归、麦冬、五味子等，另一方面按久病入络之病机，酌加丹参、川芎、赤芍、红花、益母草等活血行瘀药，改善微循环。对口干明显、夜尿多、乏力、舌红、脉细弦之气阴两虚、肺胃燥热者，选太子参、党参、西洋参等，在益气养阴的基础上重用黄连、石膏，以泻肺胃之火。对口干不多饮、夜尿多、乏力、腰酸、怕冷、舌淡、脉细之阴阳两虚者，选加巴戟天、菟丝子、淡苁蓉、淫羊藿、补骨脂等，滋阴补阳并施。对肢冷不暖者，酌用桂枝、淡附片。对高年便秘者，选用决明子、全瓜蒌或苁蓉、锁阳等，由于糖尿病常与高脂血症、高血压伴随，可酌选泽泻、山楂、虎杖、牛膝、桑寄生、玉米须、茺蔚子、龙牡等。杨老认为糖尿病与饮食关系甚为密切，不乏湿热中阻者，则宜暂去生地、萸肉、麦冬类，加苍术、米仁、佩兰、川朴、陈皮、黄连、黄芩，待湿去热化，再予以参苓白术散调理。期间适伍活血消积行瘀滞之莪术、山楂类。对并发疮疖者，适加川连、野菊花、银花、七叶一枝花、紫花地丁等清热解毒之味。总之，老年糖尿病是以"虚"、"瘀"为主，其阴阳偏颇，当以明辨。唯辨治准确方为有效。若误辨，亦能引起不良后果。对于瘀血与消渴的关系，除现代医学提示的微循环障碍、血管病变之外，中医学《血证论·瘀血》有因瘀致渴记载。杨老认为，两者是互为因果的，不唯因瘀致渴。津少血液黏滞可致瘀，瘀血流行不畅，津液不能疏布，也可致渴。所以杨老把行瘀和补虚并列于治消渴法则之中，意取虚瘀并顾，能起到事半功倍之效。

杨老认为，渴饮、善饥、尿多这三种症状将糖尿病分为上、中、下三消有失偏颇，因为他们往往是联系在一起的，只是表现程度或明显隐匿而已，不能孤立看待，应综合辨证，归纳简分为阴虚型和阴阳两虚型。同时，特别强调在糖尿病治疗中控制饮食的重要性，病者应耐心摸索适合自己的饮食方法，持之以恒。杨老指出，消渴虽病在肺、脾（胃）、肾，但往往互相影响。肺燥津伤，津液失于敷布，则脾胃不得以濡养，肾精不得滋助；脾胃燥热偏盛，上可灼伤肺津、下可耗伤肾阴；肾阴不足，则阴虚火旺，亦可上灼肺胃，终至肺燥胃热肾亏同存。而"三多"之症相互并见，但肺、脾（胃）、肾三脏中，尤以肾最为关键。若迁延日久不愈，可阴损及阳，肾阴肾阳两虚，或累及五脏，而致阴阳俱衰。杨老主张应积极通过养阴清热、益气补肾、调整阴阳等法以阻止病情的恶性循环，控制病情的发展。

六、慢性肺源性心脏病

杨老认为，肺心病多数起因于发复感受外邪，渐致肺失宣降，肺气日虚而形成。肺主气，外合皮毛，肺气虚则腠理不密，不能抗御外邪，反复感染即成为促使肺心病进展的主要因素。肺心病是以肺、心病变为主的全身性疾病。肺心病病程长，发展缓慢，证候相继出现，一旦形成，本元多虚，以及反复感受外邪是促使肺心病形成与进展的主因，这一病因病机与临床现象，可归纳肺心病的病理特点为"热""痰""瘀""虚"。并指出这四个病理特点互相关联，不能孤立对待。

肺心病临床表现错综复杂，故诊治需分期辨治，在急性感染期多属外感新邪诱发，郁而化热，热灼伤津所致。其症状为咳喘，痰多黄稠，胸闷气短，面色青紫，舌下瘀筋明显，脉象滑数或细数等。可见肺心病在急性感染期是以痰热、瘀滞为主，偏于实证。然而，在临床上对慢性支气管炎、肺心

病"冬病夏治"，用益气健脾补肾法多获良效的结果来看，肺心病的缓解期多以气虚、脾肾虚弱为主，偏于虚证。故他又强调，因为肺心病在不同阶段的病情演变过程中，常常虚实互见，既有虚证表现，又有外邪、痰热、水饮、血瘀夹杂。这些夹杂兼证统称"标实"。从肺心病标本虚实分，可概括为"脏腑之虚为病之本，夹杂兼证（痰、热、饮、瘀）为病之标"。所以本虚标实，是肺心病常见的特征。

杨老根据多年临床实践经验，认为对本病之治疗以急性发作期与缓解期的分期辨治为宜。急性发作期是以清为主，结合化痰，佐以活血，并注意患者禀赋体质，权衡虚实。既顾其本，又不碍邪，寓补与清之中。在缓解期或以益气养阴，或以健脾补肾等扶正固本，同时，或佐以清热活血，或佐以活血蠲饮，始终抓住"瘀血"这个共性。注重活血行瘀，以达到改善心肺功能之目的。杨老在肺心病的整个治疗过程中，常贯穿清热（或蠲饮）、活血、补虚三法，只是所处阶段不同，其侧重亦不同。

第六章

桃 李 天 下

第一节 学 术 传 承

著名杨氏中医内科学术流派传承至今已有100多年的历史，杨氏学术流派的主要特色为：坚持中医整体观和辨证施治，又能吸取现代医学的长处，主张微观与宏观相结合，辨证与辨病结合，不因循守旧，善于创新；临床擅长高血压、冠心病、急慢性支气管炎、肺心病、中风、糖尿病、脂肪肝等心脑血管、呼吸、消化、代谢性疾病、肿瘤等中老年病证的诊治；对中老年疾病重视"痰""热""瘀""虚"辨治，在方药运用上突出"清理透达、化瘀行滞、寓补于疏"的临床特色；善治疑、难、急、重、顽病证；提倡养生保健、抗老防衰的"治未病"理念；流派相关人员众多，广布中医临床各科。

杨氏内科起源于清朝，第一代是浙江杭州名医杨耳山，其为清孝廉公，名儒兼名医，善治内科杂证，悬壶沪杭，誉满杏林。杨氏中医内科第二代杨继荪教授全面传承了祖父杨耳山的学术经验，不断创新，是一位学验俱丰的全国著名中医临床专家，为全国首批500名名老中医药学术传承指导老师，也是浙江省中医院原院长，医术精湛，经验丰富，临证思路开阔，辨治层次明晰；善将传统中医理论与西医研究融会贯通；提倡以"继承不泥古，创新不离宗"为旨，发皇古义，吸取精华，融会新知，开拓阐扬。由此而不断充实完善辨治内容，扩展临床思维，更新治疗观念。20世纪50年代开展中西医结合治疗乙型脑炎研究及血吸虫病治疗研究，主持撰写了《治疗流行性乙型脑炎730例总结报告》，特别指出江南治疗乙型脑炎具有"偏湿""偏热"之不同，为中医治疗流行性乙型脑炎提供了比较系统的参考资料，完成《中

西医结合治疗血吸虫病560例总结报告》，以"湿""热""滞""瘀"之法诊治肝病，疗效显著，在中西医结合治疗肝病领域做出了巨大贡献。另外，杨老积极把研究成果转化成临床药物，如"复方淡竹沥""清热止咳糖浆""养阴降糖片"及治疗偏头痛的"头痛灵"等，成功改革剂型"杞菊地黄口服液"等。1965年担任浙江省卫生厅名中医验案整理小组组长，组织撰写并出版了《叶熙春医案》。

杨继荪学术流派嫡传继承人潘智敏教授（杨氏内科第三代），为全国第四批名老中医药专家学术经验继承指导老师。在中医临床已辛勤耕耘40余年，期间随师杨老近20载，并长期从事老年病的临床、科研及教学工作，在内科疑难杂病、老年病防治上逐渐形成了谨严有序、宽广而全面的临证思路，并贯穿和渗透于整个临床诊治过程中。学术上继承、阐扬、开拓、创新，重视求本理瘀，临证擅用"清透疏理行滞法"，祛瘀浊、化痰积、调气血、补虚损等诊治疾病。

临证特色可归纳为五大特点：①补虚重调气血；②理瘀分其因果；③清化不迁陈见；④膏滋调补兼施；⑤祛邪新释"五积"。

一、补虚重调气血

潘智敏老师认为一般人体在45～50岁就开始逐渐进入一个由量变到质变的衰老过程。其气血、阴阳从中年起就逐日衰损不足，影响各脏功能。待步入老年期后，人体则不同程度地表现出体内水分和细胞数目的减少、脂肪增多、细胞退化，见精气虚衰、容颜形体改变、内脏功能衰减、日显衰老，故指出老年人由于"津"不能内及脏腑，外至皮毛，以"温分肉、充皮肤"，而出现毛发稀淡、皮下脂肪减少、皮肤弹性减退；"液"不能注入骨节髓海以濡润空窍，填精补髓则出现耳鸣、牙齿松落、骨质疏松、骨关节退行性变及记忆力减退、感觉迟钝等现象。又因老年人气血阴阳与脏腑功能之间，皆有虚损可形成不良循环。如血液的循行与"心主血""肺朝百脉""肝藏血""脾统血"等脏器的相互作用有关，任何一脏的衰损均会引起血行失常。脾虚不能统摄血液；肝失疏泄可致气血不和，特别是心肺气虚，无力推动，运送不力，更常直接导致血行的瘀滞，因此老年人多是多虚多瘀之体。

关于老年人多虚之说，中医理论有诸多论述，人的衰老主要是肾气的虚衰，肾虚可导致人老体衰诸证，如头晕健忘、目昏耳鸣、白发脱发、牙齿松动、腰膝酸软等。《素问·上古天真论》云："五八肾气衰，发堕齿槁。六八阳气衰竭于上，面焦，发鬓斑白。七八肝气衰，筋不能动，天癸竭，精少，肾脏衰，形体皆极。八八则齿发去。"这段论述了"肾气衰"是促成人之衰老的根本原因。

潘智敏老师常说肾虚是老年人的一个生理特点及其是生理、病理变化所致，故补肾法乃是治疗老年病的重要方法。但老年人虚症常伴有气机不畅、血络虚滞的一面。气血必须调和通达才能流通全身，无处不至。"血气不和，百病乃变化而生"（《素问·调经论》）。《灵枢·营卫生会》指出："老者之气血衰"。

《丹溪新法》提出："气血和，一疾不生"及"气血不和，百病乃变化而生"。由此可见，气血的病理变化是导致疾病发生和衰老的内在机制。人体进入老年，首先是气血失调，血循环不畅，瘀血内停，造成气血失衡，脏腑器官得不到正常的濡养，出现精气神的虚弱，气机升降失常，从而产生气虚血瘀，虚实夹杂的恶性循环，引起机体的衰老。

所以潘老师主张在诊治老年病方面应虚瘀兼顾。同时指出：有的学者用血液流变学指标检测老龄大鼠的结果，发现随增龄而血液流变性渐呈黏、浓、凝、聚之血瘀样改变，说明衰老时机体表现为阴液虚而夹瘀的体质。

在临床研究发现，老年常见病如动脉硬化、高血压病、冠心病、中风、老年性痴呆、前列腺增生、皮肤色素沉着、皮肤褐斑等，多有瘀血现象，这些都是引起衰老的原因。临床治疗证实调理气血对改善老年病证状是非常有效的。在投滋补药物的同时，尚需兼顾通调气血。若审证求因不详，但见其虚而一意峻补，一者壅补易于滞脾，阻其运化；二者虚滞不除或因补至瘀。故因"谨察阴阳所在而调之，以平为期"；"疏其血气，令其调达，而致和平"（《素问·至真要大论》）。因此，调理气血是治疗虚症不可忽视的原则。

二、理瘀分其因果

老年人瘀浊积聚，气血运行不畅，脏腑百窍不得濡养，下元先亏，脾胃气薄，气化无力，故易致水液精微运化失常而为痰饮、积聚之证；脏腑功能低下，血行无力，易致气血瘀滞之证；故老年病多表现为复杂的虚实相兼之证。

凡离开经脉的血液，未能及时排出或消散，而停留于某一处；或血液运行受阻，壅积于经脉或器官之内，呈凝滞状态，失却生理功能者，均属瘀血，由瘀血内阻而产生的证候，为血瘀证。瘀证是血液运行不畅，瘀积凝滞，或离经之血停积体内所致的多种病证的总称。所谓瘀血：①是指血液运行不畅，有所停积；②是指由于血液成分或性质的异常变化引起运行不畅之血液，通常谓之"污血"；③是指由于脉络的病变而造成的血行瘀滞不畅，即所谓"久病入络"；④是指已离经脉而未排出体外的血液。瘀血既是病理产物，亦可以是致病因素。临床表现如下所述。①疼痛常在夜间加重：夜间阳气入脏，阴气用事，阴血凝滞更甚，所以疼痛更剧。②肿块在体表者，常呈青紫色包块：瘀血凝聚局部，日久不散，便成肿块，紫色主瘀，肿块在肌肤组织之间者，故见青紫色。③疼痛状如针刺刀割，痛处不移而固定，在腹内者：可触及较坚硬而推之不移的肿块，称为癥积。④出血反复不止，色紫暗或夹有血块，或大便色黑如柏油状：可见面色黧黑，或唇甲青紫，或皮下紫斑，或肌肤甲错，或腹部青筋显露，或皮肤出现丝状红缕（皮肤显露红色脉络），或下肢筋青胀痛，妇女可见经闭。辨证要点：刺痛、肿块、出血、皮肤黏膜等组织紫暗及脉涩。形成瘀血的原因：①外伤、跌仆及其他原因造成的体内出血，离经之血未能及时排出或消散，蓄积而为瘀血；②气滞而血行不畅，或是气虚而推运血行无力，以致血脉瘀滞，形成瘀血；③血寒而使血脉凝滞，或是血热而使血行壅聚或血液受煎熬，以及湿热、痰火阻遏，脉络不通，导致血液运行不畅而形成瘀血。病变范围：①瘀阻心脉导致胸痹、真心痛；②瘀阻脑络可致昏厥、癫狂、头痛；瘀阻肝胆可致黄疸；③瘀阻于肺，可为久咳久喘，瘀阻经络可致偏瘫、痹证、痿证；④瘀阻五官九窍可致耳目失聪、语言謇涩、二便闭塞。⑤瘀阻水道、水湿停蓄，可为痰为饮。随着瘀血的实质研究，目前对瘀血证的诊断已远远超出传统的中医范畴，很多现代检测指标被列入诊断标准。

潘智敏老师认为瘀可因病而起，病可因瘀而成。在瘀与病的联系上，中医古籍《素问·调经论》曰："血气不和，百病乃变化而生。"说明气血运行不畅会导致疾病产生，医瘀而致病。如《丹溪心法·六郁》说："一有怫郁，诸病生焉"。强调了气血郁滞与疾病的关系。另外，宋代《直指方·血滞》指出："凡病经多日疗治不痊，须当为之调血……用药川芎、莪术、桃仁、灵脂……以此先利其窠瘀。"说明患病久治不愈会引起气血失畅，因病而致瘀。以后众多医家有"久病多瘀""久病必瘀"之说。因而，瘀血既是致病因素，也是病理产物。始起有先因后果，久之形成循环、相互影响。

两者在因果关系上和治疗方面都有所侧重。相为因果及转化，潘老师在继承杨老学术思想的基础上将其归纳为：气滞血瘀、瘀血气壅；血滞为瘀、瘀血化水；血结留瘀、瘀血阻络；血蓄而瘀、瘀血症积；寒凝致瘀、瘀血痹痛；热盛血瘀、瘀血蕴热；气虚渐瘀、瘀血损气；血虚成瘀、瘀血不仁；阴虚生瘀、瘀血津伤；阳虚血瘀、瘀血助寒。

治疗的一般原则，潘老师在整理继承杨老学术思想时提出：因病致瘀者应以病当之，按致瘀因素分别予以散寒、清热、补虚、攻实之法为重，结合选用消瘀之药；对因瘀致病者则以瘀图之，随已致瘀象着重予以活血、行血、祛瘀、逐瘀之法为主，结合辨证配伍化裁。在具体方药的选择上，主张根据血瘀部位及与所属脏腑间的联系来确定。而且认为对属于邪实范畴的瘀证，所选消瘀药物力量相对宜强峻以便攻逐，如水蛭、虻虫、三棱、莪术、水红花子、虎杖、马鞭草、桃仁、红花、大黄等；对属于虚证范畴的瘀证，所选理瘀药物力量宜相对平和以利缓图，如丹参、赤芍、当归、川芎、延胡索、郁金、鸡血藤、泽兰、穿山甲、王不留行等。

同时在治瘀与病性的具体治则结合上，潘老师在整理继承杨老学术思想时提出：①实证气滞血瘀需配以枳实、枳壳、木香、厚朴、薤白等理气行气药。②寒证血瘀宜配伍桂枝、细辛、吴茱萸等温经散寒药。③热证血瘀分别伍以银花、连翘、黄芩、黄连、栀子、红藤、败酱草等清热解毒药；或以玄参、丹参、丹皮、赤芍、郁金、水牛角等清营凉血药；或以大黄、芒硝、桃仁等泻热通腑类药物。④虚证血瘀根据其气血阴阳的不足和虚衰程度，分别配伍益气、养血、滋阴、温阳等法。另须提及，在疾病发作期间，结合不同脏腑所属归经选用虎杖根、马鞭草、王不留行、毛冬青、鬼箭羽、桃仁、红花、三棱、莪术等破血逐瘀之药；而在各疾病相对缓解期中常多选用丹参、当归、首乌、郁金、葛根、川芎、赤芍、丹皮、穿山甲、鸡血藤等扶正活血之味。在剂量上，前者多重，后者宜轻。对寒热虚实夹杂之瘀证，应温清消补、活血化瘀并用。

三、清化不迁陈见

老年病以下元亏虚、脏腑虚损为本，即所谓本虚。然而，老年病并非皆为虚证，临床实践证明，本虚标实者居多，所谓标实，是指病邪，不外六

淫、七情、饮食内伤之邪，以及痰、湿、瘀、滞、火之邪。老年人脏腑阴阳俱不足，正气一虚，则外邪乘虚而入，内邪由虚而生，故老年病多因虚而致实。

潘智敏老师认为在对老年人进补时要注意个性差异，应根据气血阴阳偏虚及脏腑偏亏之不同而选用不同补益药。勿要"强补、过补、滥补"。但近年来温室效应较明显，暖冬现象已连续好多年，且因生活条件改善，膳食结构已有较大改变，南方人体质属性也更趋"热性"，且有许多体重超标属"痰湿偏盛"的人群。如认为慢性阻塞性肺疾病整个过程为多痰多瘀。相关论述如《丹溪心法·咳嗽》谓："肺胀而咳，或左或右，不得眠，此痰夹瘀血碍气而病"，说明了痰瘀互结的关系。而痰、瘀又易致肺部感染和气道阻塞，故治疗中应加强祛痰和活血化瘀的作用。在祛痰时则支持"痰因热成"的观点，重视痰与热之间的关系，痰热关系前人亦多有论述，如《本草经疏》言："痰则一因热而已，加之寒字不得"，《儒医精要》谓："痰能生火，火能生痰"。因此治疗上强调无论白痰、黄痰皆以清热化痰为要，如其在治疗慢性阻塞性肺疾病急性加重期外寒内饮、肺络痰瘀型时，虽用三子养亲汤温肺化痰，但常弃温燥之白芥子不用，而加蒲公英、桑白皮等以清热化痰。而在辨治肺胀病因时注重于热论，治当知清解。潘老师认为肺胀之发，每由外邪复感触动。又江南之域得天之热气颇盛，又多雨多湿，嗜食肥甘，故其人多现湿热之证。若伤于风热者，自感而作肺热之证；或伤于风寒者，也极易从化即表不解而郁蕴化热。且热入与湿相合，如油入面，腻滞难解。病多缠绵不能速愈，故肺胀之急性发作，每见火热充斥之象。

对于"热"在病因中地位的认识。她还溯源历家遗训。痰训诂胸上液，本为人身之津液，因受肺热煎熬。凝结而成。故潘老师力辨热为肺胀生痰之由。而痰在肺胀病机中占有极为重要的地位。所以，清热即可祛痰，即对于肺胀属急性发作期的病人，论治以清热为主，可谓"探本求源"之治。另外，潘老师强调，对于湿热相合为病者，热可速清，而湿不宜速去，治疗时若能抓住时机适时予以清解，则可以分消湿中之热，并截湿蕴化热之势，令热去湿"孤"（温病谓"湿去热孤"用于湿重于热者，潘老师对热重于湿者则顺其道而泄、化并重，恰能适用于热重于湿之肺胀），热清之后继而化湿清热，此先重清热，后重化湿，清、化并用之法实不失治疗湿热型肺胀之善法。但在具体临诊时，应谨守先后缓解之次第。潘老师指出，清热要适时，投药要适当，以防冰伏湿邪，反致痰饮难消；而至后期温化痰饮之时，又要注意温热勿过燥烈，以防再生痰热。温病所谓"炉火虽熄，余灰犹热"，在明显湿热禀质之人尤当为戒。临床上，潘老师善据寒热虚实之多寡，予以轻重缓急之治：一般病初寒凉急投，剂多颇重，以力挫邪热之焰，后期温药缓图，甚兼苦寒反佐，以俾热去湿消，肺气复常，正所谓有制之师也。

四、膏滋调补兼施

祖国医学在防病强身、延缓衰老等方面积累了丰富的经验。其中用于"冬令调补"的膏滋药便是颇有特色的一种。膏滋药尤其适宜中老年人及体弱多病者。

冬令膏方乃中医药特色治疗方法之一，是慢性病调治的有效方法，也是保健养生的较好选择。民谚有云："冬天进补，春天打虎。"各类慢性疾病患者和体质较弱者通过应用冬令膏方的调理可以起到扶正固本（调整机体免疫功能）的作用。同时，中医膏方调治亚健康也是一种非常有效的方法，亚健康往往是人体阴阳失衡、脏腑功能失调的初始状态，中医膏方调治可以使机体达到"阴平阳秘，精神乃治"即健康的状态。

人一旦跨入中年，就易出现阴阳失衡。古典医籍有"年四十而阴气自半，起居衰矣"，"人年五十以上，阳气日衰，损与日增，心力渐退，忘前失后，兴居怠情"之论述。说明人体阴阳失去平衡，任何一方的减退，均显示衰老。倘若疾病缠身，体内的病理代谢产物如痰浊、血瘀等则可相互作祟，导致人体津液不布、脏腑虚损、经脉失养、毛发失荣、机体日益衰颓。故防治老年病，应从青壮年开始。这也是中医治未病的思想。如《素问·四气调神大论》所曰："圣人不治已病治未病，不治已乱治未乱，此之谓也。夫病已成而后药之，乱已成而后治之，譬犹渴而穿井，斗而铸锥，不亦晚乎！"故不要等到未老先衰、疾病缠身之时，再来讲究养生之道，则为时已晚。以"冬三月为蛰藏，春三月为发陈"的理论为依据，用综合性的治疗方法既防病治病，又补益身体，按各人体质状况，配伍组合成传统膏滋药的形式进行"冬令调治"。

朱氏《丹溪心法·六郁》中所言："气血冲和，万病不生。"潘智敏老师采用每年一度的"冬令调治"对中老年人各种慢性疾病缓缓微调。冬令进补，应似如细雨渐渐滋润，犹如晨旭温暖柔和。经培本徐徐调理，多能在来年收益。前贤名医张景岳曾提出："人于中年左右当大为修理一番，则再振

根基，尚余强半"。

　　膏在中药制剂中是与汤、散、丸等并列的一种剂型，膏方乃中医师对患者辨证分型后所拟定之药方。所选之药多为补益药，加水煎煮去渣，经浓缩后，加入糖、蜜、胶等熬制而成的稠厚半流质状之制剂。因其药性滋润，故又称为"膏滋"。其具有滋补气血阴阳，养精填髓之功效。膏方适用于体质虚弱、病后之人。

　　潘智敏老师认为膏滋药就是从阴阳失衡为衰老的主要病机，气血亏耗为衰老的必然结果，痰浊血瘀为衰老过程的催化剂等方面着眼，按各人身体禀赋不同，在辨证基础上予以补阴阳、调气血、疗五脏，用综合性的治疗既防病治病，又滋补身体，由多种药物配伍组合，经传统特色加工，再合以选择不同功效的阿胶、霞天胶、黄明胶、龟板胶、鹿角胶等熔化，煎熬成膏。在冬至前后至立春这段进补培本的最好时机中连续服用，缓缓微调，寓补于调摄之中，意在"冬蛰藏""春发陈"。冬令进补期待来春发新，使日枝发新芽，体力增强，精力充沛。

　　冬令阳气收藏，适合进补，故膏方一般以冬季服用为宜，以冬至日起至立春左右时间为最佳。每个冬天一般服用一至二料膏方。服法为每日晨起后空腹或早晚空腹按规定剂量各服一次。如遇感冒发热、伤食腹泻等应暂停服用。另外服膏方时一般不宜同服萝卜、茶、咖啡等，以免降低疗效。但潘老师认为近年来随着生活水平提高，体重超标者逐年增多，代谢综合征者亦增加，即有相当一部分人群为多食多饮，痰湿偏盛、食积气滞者，服用膏方时同服萝卜尚可助其消化吸收，故不可拘于陈规，如陈修园即认为人参可与萝卜同服。服用膏方同时也要少吃辛辣油腻之品，以免化生痰湿或火热。

　　她还认为选用膏方应有的放矢、辨证进补、循序渐进。配制膏方所选用药的共同特点是以补益药为主，但要注意个性差异，应根据气血阴阳偏虚及脏腑偏亏之不同而选用不同补益药，勿要强补、过补、滥补。如人参、鹿茸、胡桃肉、冬虫夏草等可各用于气血阴阳偏虚及脏腑偏亏，各有其适应证。如以上药强补、过补、滥补，反而会口干舌燥、鼻子流血等。况且膏方并非人人宜于进补，一般认为青少年素体无恙、体质健壮者，急性疾病或伴有感染者，胃痛、腹泻、胆囊炎、胆石症发作者，以及慢性肝炎在转氨酶偏高时不宜进补，而应先予以治病祛邪，后方调治疏理，再可进补，且应以疏补兼施。配制膏方时应以莱菔子、山楂肉、莪术、太子参等除痞积、化积滞、益气健脾之品为主，可助其生发。而人参、鹿茸等大补之品非必要者不可滥用；胆囊炎、胆石症及慢性肝炎、转氨酶偏高者若病情较稳定亦可通过膏方调理促其康复。

五、祛邪新释"五积"

痰浊、瘀血、脂毒既是衰老的致病因素，又是衰老的病理产物，其病理基础是老年气血亏虚、脏腑功能失常，从而导致水谷津液不能正常输布，聚而成痰浊。痰浊既是脏腑虚衰的病理产物，又是导致脏腑功能进一步减退的因素。

潘智敏老师以长期临床治疗经验的积累和总结为基础，根据当前高黏血症、代谢综合征、脂肪肝的发病特点，创立了以中医理论为指导的"瘀、痰、食、脂、气"，形成"五积"即瘀积、痰积、食积、脂积、气积的病理模式。

饮食为营养之源，恣食膏粱厚味，毫无节制，往往导致脾胃运化功能失常，清阳不升，浊阴不降，从而又可聚湿，生痰，化热或变生它病。《医方论》指出："人非脾胃无以养生，饮食不节病即随之，多食辛辣则火生，多食生冷则寒生，多食浓厚则痰湿俱生，于是为积累、为胀满、为泻痢，种种俱见。"现代人随着生活节奏的加快，饮食结构有了较大变化。饮食中富含较多脂肪，同时，饮酒也作为一个不可忽视的问题日益突现。《医方类聚》认为"酒有大热，大毒"。清代王燕昌谓："好酒者多上热下湿、痰积。"故饮食无节制或偏嗜，均可引起气、脂、食、痰、瘀等积滞。《素问·阴阳应象大论》说："人有五脏化五气，以生喜怒悲忧恐。"人的情志活动与内脏之间有着密切的生理、病理联系。情志导致的内伤发病往往同个体的生活环境、性格、机体的气血脏腑机能状态有关。随着社会竞争的加剧，因情志导致的疾病也增多。七情致病既可直接伤及内脏，致使脏腑功能紊乱；也可导致气机升降失调，影响水液代谢、血液运行，而变生痰、瘀。《医林绳墨》曰："气也，常则安……，逆则祸，变则病，生痰动火，升降无穷，燔灼中外，血液稽留，为积为聚"。

如脂肪肝系大量异常的脂肪在肝内蓄积所致，是一种脂肪代谢障碍的疾病。正常人肝组织的湿重脂质含量占3%～5%，当肝内蓄积的脂类超过肝重5%，或在组织学上50%以上的肝实质脂肪化时，均可称为脂肪肝。

中医学上，脂肪肝属于"癥瘕积聚"范畴，现在谓之"肝癖（痞）"。

其病因病机多为感受湿热疫毒、过食肥甘厚味，酒食内伤，而滋生痰浊，痰浊阻滞，气机郁滞，血脉瘀阻，致气、血、痰相互搏结于胁下，而形成脂肪肝。

脂肪肝的形成与肝、脾的功能失调，气血津液运行障碍有关。《读书随笔》曰："凡病之气结、血凝、痰饮、痉厥、积聚、痞满，皆肝气之不能舒畅所致也。"肝为将军之官，主疏泄，主藏血。感受情志刺激，肝气郁结，不得条达疏泄，久郁不解，失其柔顺舒畅之性，形成气积。脾乃仓廪之官，主司水湿、水谷精微的运化及输布。饮酒过度，嗜食肥甘厚味，或致饮食不化，形成食积，或精微物质过剩，聚为脂质，积于血液、肝内，形成脂积。气能行（化）津，当脾失升清，肝失疏泄，三焦气化失常，食滞、脂质等与胃内浊气相互抟结，凝于脉中，聚而为痰，积于肝内，形成痰积。脂质、痰浊与血液相结，与气滞并见，循经而行，积结肝内，形成瘀积。"气、食、脂、痰、瘀"五积可相互转化。如气积日久可影响水谷精微的输布，形成脂积；也可肝气横逆犯胃，脾胃升降失常，形成食积；也可气积导致水液代谢障碍，痰浊内停，形成痰积；也可气积直接影响血液运行，形成瘀积。当前患者的发病以饮酒过度，嗜食肥甘厚味多见，因此食积、脂积往往同时并见，日久均可导致痰积。痰瘀交阻，积结肝内，往往是中晚期脂肪肝的主要表现。

潘智敏老师根据当前高黏血症、代谢综合征、脂肪肝研制出具有祛瘀化浊、消导行滞、疏肝解郁之功效的经验方——调脂积冲剂，经临床观察有良好抗高粘血症、代谢综合征、脂肪肝效果，方由莪术、莱菔子、半夏、生山楂、川朴、枳壳、泽泻、丹参、白蔻仁等组成。莪术、郁金为君药，意在破瘀消积、化滞解郁；莱菔子、山楂、半夏以其祛痰、导积、理气化浊为臣药，君臣合用，意在消导痰浊、瘀血、积滞之功，更佐以川朴、枳壳理气行气，以疏导瘀、痰、食、脂、气等积滞；虎杖、泽泻等意在通利小便而消除郁热。现代药理学研究表明：莪术能够显著降低CCL4致肝损伤小鼠肝TG的含量；山楂含有脂肪酶，可促进脂肪的消化并有降血脂、抗动脉粥样硬化作用；泽泻可使高脂兔肝内脂肪含量降低。对低蛋白饲料或CCL4所致大鼠脂肪肝亦有疗效；虎杖具有抗病毒作用，能通过促进肝细胞的修复、再生，减轻炎症等途径，使肝功能恢复正常；郁金有降血脂，抗动脉粥样硬化作用，对CCL4致肿损害有保护作用，尤其针对酒食过量引起的高黏血症、代谢综合征、脂肪肝有良好的治疗作用。经过长期临床及多项动物实验证明：调脂积冲剂具有降低血清及肝组织中血脂、胆固醇，改善血液流变学、肝纤维化指标及肝功能，减轻肝组织炎症及肝纤维化进度，并影响相关介质、细胞因子如IL-1、IL-6、PDGF、TGF-β、TGF-α、INF-γ等的释放以减轻肝纤维化进程。

第二节 桃 李 满 园

杨继荪学术流派嫡传继承人潘智敏教授（杨氏内科第三代），为全国第四批名老中医药专家学术经验继承指导老师，全国名老中医药专家潘智敏传承工作室导师，全国首批中国中医科学院中医药传承博士后导师、研究员，浙江中医药大学博士生导师，上海中医药大学师承博士生导师，浙江省中医药老年病重点专科学术带头人。在中医临床已辛勤耕耘40余年，期间随师杨老近20载，并长期从事老年病的临床、科研及教学工作。潘智敏教授提出"求本理血"理念治疗高血压，研制了具有降压作用的"康脉心口服液"应用于临床，其成果获国务院颁发的国家科技进步二等奖，中国中西医结合学会、浙江省政府科技进步一、二等奖，获得专利证书，针对高血压、高血脂、高血糖、脂肪肝、肥胖等代谢相关性疾病的中医治疗，运用独特的新"五积"理论，研制了"调脂积冲剂"，其成果获"浙江省政府科技进步三等奖"，主持参与国家、省部级课题，获奖30余项。潘智敏教授整理出版杨老的学术经验书籍5部，分别为《杨继荪临证精华》《百年百名中医临床家·杨继荪》《杨继荪治疗老年病经验集》《内科专家卷·杨继荪》《临证医案集萃·杨继荪临床经验》等，继承和发扬光大了杨氏内科学说，其中杨继荪临证经验整理研究课题成果获"浙江省政府科技进步三等奖"，《杨继荪临证精华》获"华东地区优秀图书二等奖"。并撰写出版《餐桌上的养护心脑食品》。潘智敏学术继承人杨珺（杨继荪教授之孙）、袁国荣主任中医师（杨氏内科第四代）等在继承老师学术经验的基础上，运用"虚、瘀、毒"理论，治疗各种晚期肿瘤、老年病取得了较好的临床疗效。整理出版或即将出版《潘智敏临证经验》《治癌心悟》《潘智敏治疗神经系统疾病的经验》《潘智敏治疗老年病经验》等。

杨氏内科第三代传承人潘智敏教授的全国名老中医药专家传承工作室已成功通过验收。工作室成员有潘智敏、袁国荣、唐黎群、宋文蔚、杨珺、沈凌波、华军益、罗科学、代建峰、赵同伟、吴树强、王进波、王群江、叶

倩、叶金芳15人。其中主任医师3人，副主任医师5人，主治医师6人。工作室成员力量雄厚，经过多年的传承，已取得了较好的成绩：形成优势病种诊疗方案6种，发表相关经验论文21篇，收集医案100篇，承担国省级、厅局级课题4项，举办省级继续教育3次，接受外单位人员进修26人，培养团队内各级医师成才。为扩大名中医工作室的影响力和辐射力，潘智敏教授于浙江省立同德医院（干部科、老年病科）、金华市中医院（老年病科）、义乌市中医保健院及西湖区灵隐街道社区卫生服务中心（西湖区国医馆）不定期指导中医临床学术经验，拟挂牌成立潘智敏名中医工作室分站。

大 事 概 览

1916年2月10日　出生于杭州一个中医世家。

1952～1956年　受命担任杭州城北联合诊所所长、杭州广兴联合中医院（今杭州市中医院）院长。

1956～1958年　担任浙江中医研究所临床组长。

1959年　加入中国共产党。

1978年　评为主任中医师。同年担任浙江省中医院院长。

1983年　被评为省级名老中医。

1990年　被评为首批全国500名老中医药专家之一。

1991年　享受国务院政府特殊津贴。

1999年9月6日　逝世。

学术传承脉络

杨耳山（清代名医兼名儒，第一代）

↓

杨继荪（第二代）

（1916～1999年）

著名中医临床学家

首批全国名老中医药专家学术经验指导老师

浙江省中医院原院长　浙江中医学院原副院长

↓

潘智敏（第三代）

1983～1988年浙江省名中医药专家杨继荪学术经验继承人

1991～1994年全国名老中医药专家杨继荪学术经验继承人

2001年被评为浙江省级名中医

2008年第四批全国名中医药专家学术经验指导老师

2012年潘智敏全国名老中医药专家传承工作室专家

2012年全国首批中国中医科学院中医药传承博士后导师

↓

杨珺、袁国荣等（第四代）